国 家 林 业 公 益 性 行 业 科 研 专 项 资助项目
基于林改的森林资源可持续经营技术研究（200904003）

我国森林保险统计与林农保险需求研究

胡明形 陈文汇 庞新生 等 著

中国林业出版社

图书在版编目（CIP）数据

我国森林保险统计与林农保险需求研究/ 胡明形，陈文汇，庞新生 等著 . —北京：中国林业出版社，2015.5

ISBN 978-7-5038-7976-0

Ⅰ.①我… Ⅱ.①胡… ②陈… ③庞… Ⅲ.①林业 – 财产保险 – 研究 – 中国 Ⅳ.①F842.66

中国版本图书馆 CIP 数据核字（2015）第 089258 号

出版	中国林业出版社（100009 北京西城区刘海胡同 7 号）
网址	lycb. forestry. gov. cn
E-mail	forestbook@ 163. com 　**电话**　010-83143515
发行	中国林业出版社
印刷	北京北林印刷厂
版次	2015 年 5 月第 1 版
印次	2015 年 5 月第 1 次
开本	787mm×960mm　1/16
印张	9.5
字数	181 千字
印数	1～1000 册
定价	48.00 元

《我国森林保险统计与林农保险需求研究》
著者名单

项目主持：宋维明

主要著者：胡明形　陈文汇　庞新生

著　　者：李　川　翟　祥　王林娟

　　　　　贾丹萍　鲍龙琼

前　言

　　林业生产周期长，森林经营过程中面临各种自然因素和人为因素引起的风险和损失。集体林权制度改革后，为了分散林业生产经营者的经营风险、减少森林灾害损失、支持灾后恢复林业生产，促进林业的稳定发展和可持续经营，我国在集体林区实施了政策性森林保险制度，开展了中央财政和地方财政的保费补贴试点工作，但森林保险需求不足仍然是集体林区政策性森林保险制度实施过程中的一个主要制约因素。深入了解和把握影响集体林区森林保险需求的主要因素，是政府进一步完善森林保险政策、保险公司提供符合林业经营者需求的森林保险产品的基本依据，因此，研究森林保险需求问题是进一步完善我国政策性森林保险制度的基本要求。另外，信息充分和对称是决定风险可保性的重要前提，也是保险业务持续开展的必要前提。政策性森林保险涉及政府、林业经营者、保险公司三方主体，不同的利益主体的森林保险决策目标不同，但对森林风险与灾害相关的信息的依赖是共同的。建立一套与森林保险业相关的统计指标和数据收集体系，满足政府宏观管理，保险公司、林业生产经营者微观决策的数据需求，也是森林保险制度实施过程中的一项基础性工作。为此本书的研究内容围绕以下两个基本主题展开，一是我国森林灾害和保险统计指标体系设计，二是南方集体林区森林保险需求研究。

　　在我国森林灾害和保险统计指标体系设计研究中，从我国森林灾害管理和森林保险运行需求出发，以森林灾害发生和管理的基本过程、森林保险运行的基本流程分析为基础，按照指标体系构建的基本原理，从灾害监测、灾害预防、减灾救灾、灾损评定、灾后恢复、灾情基本统计等方面构建了我国森林灾害统计指标体系的基本框架；从费率确定、投保、承保、责任与损失核定、理赔、财政补贴、保险企业经营成果评价等方面构建了我国森林保险统计指标体系的基本框架；提出了森林灾害和保险统计数据收集体系。在南方集体林区森林保险需求研究中，基于江西、福建、湖南、浙江等 4 省的一手调查数据，综合运用最优尺度回归模型、Logistic 回归模型结合多重对应分析方法对影响森林保险需求的因素进行了实证分析；并运用非参数统计、因子分析结合 Logistic 回归模型方法，进一步分析了南方集体林区森林保险需求的区域差异。

　　本书在撰写过程中，研究生康清恋、刘东在问卷调查、资料整理等方面做了大量工作；研究生付正、喻凯西、廖宏蕾、张璇等参与了林农问卷调查；江西、福建、湖南、浙江等 4 省林业厅和调查点所在市（县）林业局对林农调研提供了宝贵的支持。在此，对为完成本书付出辛苦劳动和提供宝贵支持的同志表示衷心的感谢！

　　需要特别说明的是，本书所基于的课题研究持续了 5 年，书中部分内容也是持续几年的调查与分析结果，有的观点、建议目前可能已成现实。为了反映研究过程及当时的研究成果，研究内容在成书出版时并未进行删减。同时由于我们水平有限，书中疏漏之处在所难免，希望广大读者不吝指正。

著　者

2014 年 12 月

目　录

上　篇

我国森林灾害和保险统计指标体系设计

第**1**章

导　言

1.1　研究背景、目的及意义

　　林业生产具有周期长、经营风险大等特点。森林经营过程中不仅容易遭受火灾、风灾、雪灾、洪灾、冰冻灾害、病虫害等自然灾害的破坏，而且还面临社会、经济、生态、政策、制度、技术等方面的风险。集体林权制度改革后，为了分散林农在林业生产经营中面临的自然风险或其他风险、支持林业生产经营者在灾后迅速恢复林业生产、减少林业投融资的风险，促进林业的稳定发展和可持续经营，我国把政策性森林保险制度作为集体林权制度改革的配套制度，于 2009年在福建、江西、湖南三省率先开展中央财政森林保险保费补贴试点，截至2012 年我国已有 17 个省（自治区、直辖市）纳入中央财政森林保险保费补贴试点。从保险原理看，信息充分和对称是决定风险可保性的重要前提，也是保险业务持续开展的必要前提。政策性森林保险业务涉及政府、林业经营者、保险公司三方。虽然不同的利益相关方的森林保险决策目标不同，但对森林风险与灾害相关的信息的依赖是共同的，不同的利益相关方只有通过对真实、有效的风险数据进行科学分析，才能制定合理决策，进行有效管理。森林保险作为针对森林灾害发生后进行经济补偿补救的一种措施，其业务的开展是以森林灾害信息的准确获取和自身业务活动的科学研究为基础的。微观上，如目前保险费率的计算中，灾害损失率是其确定的基础，为了保证灾害损失率的稳定性，需要历年历史数据计算出稳定系数；更为标准的级差费率也需要有关历史数据的支撑进行计算。宏观上，通过定量和定性分析，我国国内急需完善森林保险险种的设计，找出森林保险发展中的制约因素，建立合理的森林保险系统运行体系。森林灾害与保险统计指标体系的建立有助于数据信息资料系统、科学地获取，从微观、宏观上推动我国保险、精算业务的高效开展。从统计实践看，目前我国的林业统计主要涉及森林火灾及其损失、森林病虫害的发生与防治等方面的数据，缺乏防灾、救灾、灾后等完整灾害管理以及森林保险业务过程与结果的系统统计数据，难以满足政策性森林保险业务各利益相关方的数据需求。从研究角度看，森林灾害统计研究主要集中于火灾统计研究，较少涉及因地制宜考虑各区域不同的各异的地理环境、灾害类型、林分情况等因素，缺乏防灾、救灾、灾后等完整灾害指标，与之对应的森林保险指标体系仍处于框架构建阶段，没有具体、完整的指标体系可供参考。因此，本研究以相关学科理论为基础，以对森林灾害和森林保险管理、运行及信息需求为前提，按照森林灾害发生过程、管理流程和森林保险业务开展的主要流程，构建一套较为完善、合理、科学的指标体系及相应的数据收集体系，为开展森林灾害管理和保险统计工作提供供参考。这不仅有助于从理论上丰富林业统计学的内容，对于满足政府森林灾害与保险管理、保险公司森林保险精算、林业经营者投保等业务开展具有实际意义。

1.2　国内外森林灾害和保险统计指标研究现状

1.2.1　国外森林灾害和保险研究现状

1.2.1.1　国外森林灾害研究

早在 1925 年，美国就以 H. T. Gisborne 为代表开始系统研究火灾预测，1933 年提出用于火灾等级预报的火灾尺，1936 年提出多因子预报方法。Pook、Gill(1993)通过对澳大利亚主要林区辐射松林中的可燃物湿度变化进行研究，基于不同层落可燃物湿度的火灾预测模型，发现凋落层可燃物湿度和树冠上层的可燃物湿度存在差别。目前不同国家都依据研究结果提出了不同的林火蔓延模型，具有代表性的有：美国的 Rothermel 模型、加拿大林火蔓延模型、澳大利亚 McArthur 模型。Bergeron(1993)利用档案资料和树木生态学数据进行分析，发现自 19 世纪以来，特别是 20 世纪中，沿安大略东部到魁北克中部的四大区域火灾发生频率呈显著下降趋势。David(2000)通过对美国外来有害生物的评估，发现森林害虫造成的直接经济损失巨大，同时外来有害物种比原有有害物种更容易造成危害和损失。为了评估多类型灾害和巨灾造成的损失，各国开发了一系列多灾害损失评估模型，如美国国家多灾害损失评估模型 HAZUS-MH、海洋气象局(NOAA)的热带风暴(潮)模型 SLOSH 等。

1.2.1.2　国外森林保险研究

由于森林保险被纳入了广义的农业保险，国外专门针对森林保险的研究并不多，主要是各类实证研究。Jan H、Jaroslav S、Jan T(2002)通过对斯洛伐克天堂国家公园内 1991~2000 年期间的森林火灾情况进行统计和分析，得出了由净保费和风险保费两部分组成的森林火灾保险模型。Jan Holecy、Marc Hanewinkel(2003)通过建立森林保险模型，对德国西南部不同林龄的针叶林的经验分布和理论分布进行了实证检验，提出了新的森林财产价值评估方法。Holthausen、Baur(2004)以风险管理和保险需求理论为基础，通过抽样调查和专家座谈方式，以林权所有者为主体对森林保险的需求性进行了测度。Holecy J、Giertliova B (2009)提出以森林遭受自然灾害和非自然灾害时的损失为研究对象，建立森林财产保险模型，并以山毛榉受损数据的实证分析对所建模型进行了评估分析。

1.2.2　国内森林灾害及其统计指标研究现状

传统的林业灾害管理注重对灾害的应急反应和救灾管理，而并不重视灾害的前因后果管理。高效的林业灾害管理要求通过寻找灾害根源、本质及表现形式，并分析它们之间的关系和对生态系统造成的危害，通过降低风险和灾前超前管理(缓冲管理)等预防措施，更好地进行灾害管理。要把握森林灾害的规律和本质，就必须对包括灾前和灾后在内的森林灾害发生发展的全过程有深入的研究和科学的认识。我国森林灾害研究人员也从不同灾害类型、不同灾害阶段、特定研究领域等对森林灾害开展了多层次研究，取得了大量的研究成果。

1.2.2.1　森林灾害损失评估研究

森林灾害管理中，森林灾害损失管理是其重要内容，也是森林灾害研究中开展研究较早的领域。早在1987年孔繁文、高岚就明确了森林灾害统计工作在森林灾害损失评估中的重要性，同时提出评估中需要注重不同地区的经济发展情况、林木生长特点、林种树龄差异和不同灾害类型的差异。杨美和、高颖仪等(1991)以森林火灾防治中的经济效益为基础，对森林火灾直接经济损失的计算进行了研究。张文勤、纪成俭、王文烂等(2002)以森林灾害损失的构成为基础，对福建省森林灾害经济损失进行了计算和评价研究。赵文霞(2008)在其博士研究生学位论文中按照受灾和成灾面积、直接经济损失、影响范围3方面进行灾害分级，并结合灾害经济损失机理，制定指标体系，通过典型案例分析，形成了较完整的森林生物灾害经济损失评估体系。郭颖、孙吉慧对2008年贵州省黔东南州的雪凝灾害造成的林木损失情况进行调查，按不同林木类型进行受损评估，提出重建对策和措施。于金霞(2012)通过分灾害类型、森林类型构建森林灾害损失指标体系，利用直接和间接评估法对森林灾害造成的林木直接和间接经济损失进行评估。

1.2.2.2　森林防灾减灾研究

随着森林灾害管理的发展，森林灾害管理中有关防灾减灾、监测预测等措施，以及其中的技术推进的研究也日益增多。

(1)技术类防灾减灾研究。技术类防灾减灾研究是将先进技术运用于防灾减灾工作，提高防灾减灾的前瞻性、有效性。纪平、易浩若、白黎娜(1995)以西南地区火灾监测为例,将人工神经网络的专家系统,应用于森林灾害监测。周立(1998)以 3S[全球定位技术(GPRS)、遥感(RS)及地理信息系统的现代空间信息技术(GIS)]技术为核心,对植被指数变化进行统计分析,构建森林信息遥感模型、遥感植被指数模型、采伐迹地更新模型、森林环境变化模型和专家评价预测模型。傅泽强、孙启宏等(2002)以内蒙古大兴安岭地区的火灾规律分析为基础,建立森林火灾灰色灾变 GM(1,1)预测模型用于中长期预测。周璝、文益君等(2009)利用 B/S 模式和 Oracle + ArcSDE 空间数据管理技术设计湖南森林火灾应急资源管理信息系统,保障森林火灾应急资源的有效管理和调用。

(2)制度类防灾减灾研究。制度类防灾减灾研究是通过森林灾害管理制度的改进推动防灾减灾工作的进展。王文烂、张文勤、刘伟平等(2002)按照商品林和公益林分别进行灾害防治投入机制的构建,并对投入规模、投入来源、专项基金和相关的金融、税收制度提出了建议。李国保、单兴虎、李长宇(2009)以祁连山林场为例,针对不同的灾害类型提出了管理、防治技术、队伍建设、林分优化等方面的灾害防治对策。高岚、赵铁珍(2003)指出适度的森林灾害对于林业可持续发展有促进作用,并提出建立森林灾害管理综合体系,从宣传、森林保险、科学研究、立法和国际交流等层面进行完善。

1.2.2.3 森林灾害管理与生态环境关系的研究

森林灾害管理是一个全局性工作,随着环境问题日益受到关注,有关森林灾害管理与可持续发展、生态环境的研究也日益增多。庄孟能(1989)在对福建建瓯县的森林火灾和病虫灾害进行现状和原因分析的基础上,提出了森林灾害对生态系统和经济环境的不同破坏作用。王效科、庄亚辉、冯宗炜(1998)根据常用的估算方法和排放参数测定方法,对单个生态系统和大区域森林火灾释放的含碳气体量进行估计,建议加强火灾监测和数据库的建立。杨锋伟、鲁绍伟、王兵(2008)对我国主要雨雪冰冻灾害受灾省份土壤保育、水源涵养、森林固碳、生物多样性等生态系统服务功能的受损情况进行了评估,同时从不同林种对不同省份的影响进行了评估对比。徐凤兰、钱国钦、杨伦增(2008)根据环境经济学原理,参考已有的森林生态服务价值评估指标体系,构建包括涵养水源、保育土壤、固碳释氧、净化空气和生物多样性保护的森林生态服务价值评估指标体系,确定各指标计算方法,并以福建省为例进行了评估。

1.2.2.4 我国森林灾害统计指标体系研究

作为森林灾害研究的重要方面,森林灾害的指标体系贯穿森林灾害管理的各个环节、各个阶段,有关的灾害指标体系也从各个层面进行了构建。虽然我国目前还未形成该领域的系统的指标体系,但对于森林灾害和损失方面的研究已涉及了指标体系的部分内容,这些为我们提供了参考。从研究内容看,主要涉及:森

林灾害经济损失评估指标体系，森林灾害风险分区指标体系，森林灾害预警指标
体系。

（1）森林灾害经济损失评估指标体系。早在20世纪80年代，孔繁文和高岚
就针对森林灾害损失提出评估方法，并初步研究了森林灾害经济的统计指标。90
年代，许文兴（1991）、严国清（1999）等提出初步建立森林灾害统计指标体系，
并主要从森林火灾、森林病虫害和人为森林灾害三方面进行构建。李朝洪、赵小
光、金钟跃（1993）认为森林火灾经济统计指标体系应由森林火灾发生状况描述
指标、森林火灾经济损失评估指标、森林防火救灾投入产出指标三个子指标体系
构成。钟晓珊（2005）通过实物量损失指标、价值量损失指标和灾情综合指标的
划分构建了森林火灾损失评估指标体系。廖晓丽（2006）针对森林火灾的发生构
建了火灾描述性指标、实物量和价值量损失指标、灾情综合指标。徐凤兰、钱国
钦（2008）从直接经济损失和间接经济损失两方面构建指标体系，对冰冻灾害的
森林生态服务价值损失进行评估。高岚、谭李嫔（2010）则从经济、生态、社会3
个方面对森林冰雪灾害评估内容进行探讨，并以此构建指标体系。

（2）森林灾害风险分区指标体系。王华丽（2011）按灾害类型构建森林灾害风
险区划的指标体系，并通过指标量化建立指标子系统。唐丽华（2006）在对森林
资源空间分布、自然资源空间因子、人类活动的空间性与森林主要灾害关系分析
的基础上，以森林火灾为研究对象，划分为社会经济环境、自然环境、森林资源
三个子系统构建森林主要灾害适应性评价指标体系。

（3）森林灾害预警指标体系。王桂清、周长虹（2003）构建了包括警情指标、
警源指标和警兆指标三大类指标的害虫灾害预警指标体系。

1.2.3 国内森林保险及其统计指标研究现状

目前，我国对于森林保险的概念及内涵已趋于一致，孔繁文、刘东生
（1986）最早从经济学的角度定义了森林保险的概念；李祖贻（1989）之后，从保
险学角度提出森林保险，并认为，森林保险既是社会保险业的一个组成部分，又
是一个相对独立的体系；刘畅（2005）则对两者进行了综合性的整理阐述。此后，
有关我国森林保险发展中存在的问题、如何发展以及相应的有针对性的专题研究
不断开展，为我国森林保险的实践提供了借鉴和指导。

1.2.3.1 我国森林保险基本问题研究

（1）我国森林保险发展过程中存在的问题研究。对于20世纪90年代以来我
国森林保险发展和管理中存在的问题和制约因素，学者们进行了广泛研究。金正
道（2001）、王丹、陈珂、刘军等（2005）认为我国森林保险主要问题存在于保险
供给方的经营效益差、赔付率高、保费低；保险需求方的投保率低、承保面小；

以及宏观中保险体系不健全、法律法规缺位等。冷静(2008)、张毅(2009)、王珥(2009)从实践层面得出森林灾害的损失巨大、难以评估;赔偿处理烦琐;林农风险意识淡薄等问题,我国森林保险供求存在两难局面。潘家坪(1997)认为我国森林保险发展受到外在因素(如制度、技术政策、法律)和内在因素(如保险人、被保险人的思想意识、管理水平,以及林业技术人才)两方面的影响。石焱、夏自谦、田芸(2008)、吴希熙等(2008)都从准公共物品的特性、信息不对称、供求的双重正外部性等经济学角度对问题进行了分析。

(2)我国森林保险开展的对策研究。随着森林保险的发展和研究的深入,各学者针对我国森林保险提出了各方对策,多数人都肯定了发展政策性森林保险的必要性,同时在此基础上还提出了自身建设、法律法规、体制改革等多项配套措施建设。

①财政支持。潘家坪(1997)、陈玲芳(2005)、王丹等(2005)都提出,要将森林保险定位为政策性森林保险,应成立政策性森林保险公司,加强政府经济扶持。王华丽、陈建成(2009)通过对森林保险经济属性的界定,森林保险资源配置效率和森林保险补贴的经济学分析,论述政府支持森林保险的经济学基础。冷慧卿(2009),王珥、张蕾等(2009)从林农和保险公司的不同角度考虑,明确了将森林保险纳入国家政策性保险保费补贴范围、建立风险补偿机制、实行税收优惠、因地制宜确定保费和保额。

②技术和制度创新。陈盛伟、薛兴利(2006)认为应建立和完善林业标准化工程,去除林业保险经营中存在的技术障碍。李媛媛(2010)从森林保险的立法模式、森林保险法中的主体和客体等问题出发,针对我国森林保险发展中的需要进行选择和探讨。韩茜(2012)从森林保险经营模式、政府补贴操作方式、森林保险制度条款制定、外部保障措施和监管体系等方面对我国政策性森林保险制度进行构建。

1.2.3.2　森林保险各区域专项研究

王华丽(2011)基于森林灾害风险区划,提出通过区域性森林保险产品费率分区、区域性森林保险产品开发与设计、区域性森林保险补贴体系完善,建立包括法律制度、再保险制度、巨灾风险基金制度和保险监管制度在内的保障体系来促进我国森林保险区域化发展。刘畅(2005)从险种研发、市场开拓、组织学习和风险管理4个方面分析了培育保险公司核心竞争力的基础、关键、动力和保证要素,并以森林保险为例进行了培育险种研发能力的实证研究,主要是针对我国森林资源面临的风险和森林保险现状,提出开展森林保险的必要性,并进行森林保险险种设计的研究。

1.2.3.3　我国森林保险统计指标体系研究

我国地域辽阔，气候、地理和传统等自然和人文因素复杂多样，形成了我国森林资源类型多、森林保险开展情况复杂多样的特点；森林保险统计是完善森林保险制度的基础依据。近年，针对现实需求和森林保险运行发展情况，我国学者对森林保险统计指标体系的设计开展了一定研究。

裴光、庹国柱等（2009）认为，可根据林木保险技术要点，对于森林保险的赔偿处理，分为责任认定、损失核定、赔款计算三个方面进行具体分析。并针对林木保险统计，设立了林木保险的财务统计指标和业务统计指标两大类。石焱（2009）提出构建南方集体林区政策性森林保险体系，并从我国政策性森林保险的角度，针对保险的基本内容（对象、保险责任、保险金额的确定、保险费率及优惠、保险期限及补贴、赔付及免赔等）展开研究。

1.2.4　简要评述

目前，国内外有关森林灾害和保险及其指标体系的研究已经开展了较为广泛而深入的研究，特别是有关森林灾害管理中的技术应用、制度推进和森林保险基本问题、对策的研究较为深入。但涉及有关指标和指标体系的研究，则主要以单一层次、单一对象研究及实证类研究为主，并不深入和系统，难以满足森林灾害管理与保险业务开展对统计信息的需求。所以，如何从多层次、多对象、多环节出发，构建一个全面系统反映我国森林灾害管理和保险业务开展的条件、过程与结果的统计指标体系是森林灾害与保险统计研究与实践的需要。

1.3　研 究 的 主 要 内 容

根据研究的目的，第一部分主要在对森林灾害管理、森林保险的运行及信息需求进行分析的基础上，以灾害学、经济学、管理学及指标、指标体系理论为指导，进行指标初选，建立森林灾害和保险统计指标体系框架。之后，进一步通过德尔菲法等方法对初建指标及指标体系进行完善，并最终确定森林灾害和保险统计指标体系。总体来说，主要内容包括以下几部分：

（1）理论依据的阐述，包括森林灾害和森林保险的理论依据和统计指标、指标体系设计的相关理论依据。

（2）森林灾害管理和森林保险管理运行及其数据需求的分析。包括目前森林灾害和保险管理中存在的问题、管理运行中的数据需求、各国该领域发展的实践借鉴等。

（3）森林灾害和保险统计指标体系的设计。这是研究的主要内容，在具体设计该指标体系时，整个框架分为：森林灾害统计指标体系、森林保险统计指标体系两个部分。

森林灾害统计指标体系是以森林灾害发生发展过程和灾害管理流程为基础构建的统计指标体系。森林保险统计指标体系从政府、保险企业和林业生产者三方主体出发，按照涉及的主要保险业务开展流程进行设计。在初步构建之后，利用德尔菲法进行测验，通过定量方法对指标体系进行完善，确定最终的统计指标体系。

（4）森林灾害和保险统计指标数据收集体系的构建。数据收集体系主要研究基本统计报表制度、普查、典型调查、重点调查、抽样调查等统计调查方式和会计核算、业务核算、统计估算等数据收集渠道在森林灾害和保险统计指标的数据收集中的具体运用。对所构建的统计指标体系中的具体指标进行分析，选择适合的数据收集方法，并进行分类。

1.4　研究方法和技术路线

1.4.1　研究方法

本研究主要采用系统研究方法、规范研究方法、德尔菲法等方法进行研究。

（1）系统研究方法。由于森林灾害的多样性、森林灾害管理和保险业务环节的多层次性、森林保险主体的多元化，决定了我们需要采用系统的研究方法进行分析。第一，我国森林灾害类型多种多样，主要有森林火灾、病虫鼠害、气象灾害（包括冰雪、台风等）及其他各类地质灾害等。同时很多灾害呈链式发生，一类灾害的发生引发多类次生灾害，情况复杂。第二，我国森林灾害管理和森林保险运行中涉及多个方面。森林灾害管理中包括灾害的监测、预防，也包括减灾救灾、灾损评定和灾后的恢复工作；而森林保险的业务环节包括承保核保、灾损评估、理赔和公司盈亏等。第三，森林保险涉及的主体不仅包括保险企业，还包括政府部门和林业生产者。第四，森林灾害和保险统计指标体系本身是由森林灾害统计指标体系、森林保险统计指标体系所组成的系统；每个系统本身又是由准则层、具体指标层等各个子系统构成的。

（2）规范研究方法。首先，本研究是以森林灾害管理和森林保险有关理论为基础，遵循基础指标、指标体系设计理论，从森林灾害和森林保险两个方面初步构建了统计指标体系。然后，在此基础上，利用德尔菲法进行测验和完善；最终确定所设计的统计指标体系，并构建了相应的数据收集指标体系。

1.4.2 技术路线

本研究在提出研究目的的基础上，通过对森林灾害统计现状及其管理需求、森林保险统计现状及其管理需求进行分析，以基础理论为指导，建立森林灾害和保险统计指标体系的基本框架。然后，对三轮专家咨询（即德尔菲法）结果进行分析，调整原有统计指标体系，并对其进行基本测验，形成最终的统计指标体系。最后建立相应数据收集体系，对各指标和指标体系的数据收集进行分类和指导。技术路线图如图1-1。

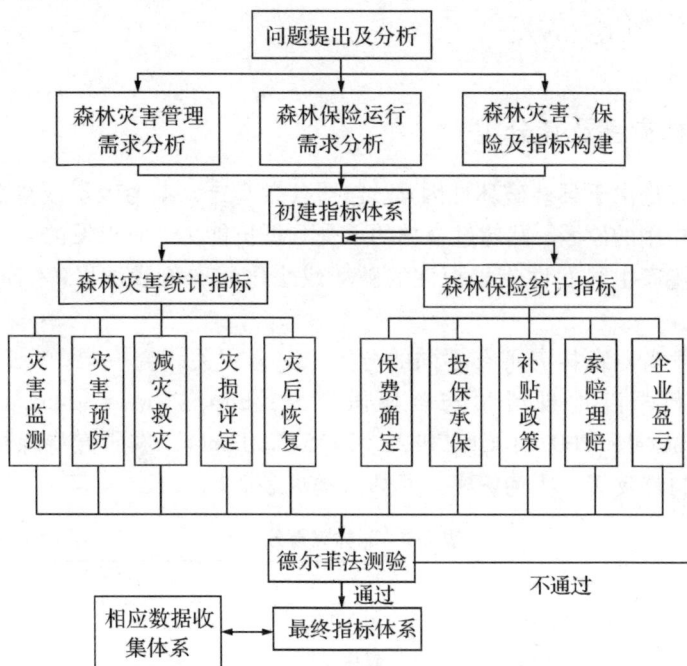

图 1-1 技术路线图

第 2 章

研究的理论基础

2.1 相关概念界定

2.1.1 森林灾害及其分类

森林灾害是由于某些破坏性因素，包括自然变异、人为因素或自然变异与人为因素综合作用的原因，并超过森林的承受和抵抗能力，而引发的对森林资源及森林生态环境产生突发性或累积性的破坏或恶化的现象或过程（米锋、陈梅生，2007）。

不同的学者对森林灾害有不同的分类，综合相关研究成果（米锋、陈梅生，2007；中国科学院地理科学与资源研究所，http：//www. igsnrr. ac. cn/kxcb/dlyzykpyd/zybk/slzy/200708/t20070822_ 2155452. html），本研究将森林灾害按其成因可分为自然灾害、人为灾害。具体分类见表2-1。

表 2-1 森林灾害分类

按成因分	按致灾害因子分	具体种类
自然灾害	森林火灾	森林火灾
	生物灾害	森林病害
		森林虫害
		森林鸟兽害
	气象灾害	风灾、雪灾、冻害、洪灾、旱灾、海啸等
	地质灾害	地震、火山、泥石流、滑坡、崩塌等
人为灾害		盗伐、乱砍滥伐、其他人为破坏

2.1.2 林业风险及其种类

林业风险是林农在进行林业生产过程中因遭遇外部不良环境的影响而带来的灾害和损失。林业风险特有的多样性、非独立性、潜在性和长期性的特点（何江等，2002）。

（1）多样性。林业风险产生的原因很多，既有自然因素，又有人为因素、技术因素和市场因素等。林业风险产生原因的多样性决定了林业风险种类的多样性。

（2）非独立性。林木大都是连片种植的，是非独立的。林木连片种植的特点，决定了林业风险具有群发性，风险一旦发生，影响范围将会很大。

（3）潜在性和长期性。有些林业风险如自然风险对林业的影响是直接的，而有些林业风险，如环境风险对林业的危害则是潜在的，它对林业的影响目前看来并不明显，但却给林业的长期发展带来隐患。

引发林业风险的因素主要有：自然灾害、人为破坏、技术因素、市场变动因素、政策性因素等。根据以上林业风险因素，林业风险分为自然风险、人为风险、经营风险、技术风险、市场风险、政策性风险和行业风险。这些风险常常会同时存在于森林培育和林业生产经营的各个阶段（梁兆基等，1998）。

2.1.3 森林保险及其特点

森林保险是以具有经济价值的天然原始林和各类人工营造林为标的，对它们在生产过程中，因约定的、人力不可抗拒的自然灾害和意外事故造成的经济损失，保险人按照合同规定向被保险人提供经济补偿的一项保险业务。由于森林保险的保险标的是多年生植物，生长期长，因此，森林保险具有可保期长和灾后观察期长的特点（庹国柱等，2005）。

我国当前实行的是政策性森林保险。所谓政策保险是政府为实现特定的政策目标，对商业性保险公司难以经营的某些险种给予一定政府补贴而实施的一种保险业务（张洪涛等，2004）。政策性森林保险是政策保险的一种，是政府支持和保护林业的一项政策措施。它对林业风险损失的经济补偿功能是其他政府投入所无法替代的。政策性森林保险具有以下特点（石炎，2011）：

（1）非盈利性。不以盈利为目的，无法用商业保险的运作模式经营，故通过财政补贴保证其有效运行。

（2）强制性参保与自愿性参保相结合。强制性参保主要体现在公益林投保上。

（3）政府扶持。主要体现在对林农和保险公司的补贴、法律及政策等方面。

2.2　森林灾害与保险的相关理论

2.2.1　森林灾害的相关理论

2.2.1.1　灾害管理周期理论

灾害管理周期理论认为灾害的发生有明显的阶段性，同时又是一系列相互联系的过程，所以灾害管理存在周期性。本研究中，森林灾害统计指标体系是依据森林灾害发生发展过程和森林灾害管理流程来设计的。

一般而言灾害管理周期为防灾、抗灾、救灾和灾后重建4个阶段。在进一步研究中，灾害管理系统包括灾前管理、灾中管理和灾后管理三个子系统，细分为：灾害监测、灾害预报、灾害预防；灾前准备和动员、灾害发生阶段；灾害损失、灾害情况、灾害救助；灾后评估、灾后恢复和重建阶段等（赵领娣，2003）。

灾害管理专家卡特（1991）提出的管理周期理论中，管理周期包括：灾害侵袭、响应、恢复、发展、防御、减轻和备灾等阶段，主要内容与关系如图2-1。

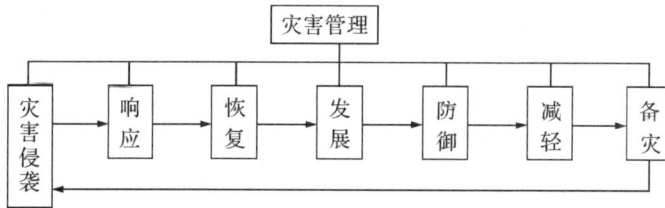

图2-1　灾害管理周期图

森林灾害具有连锁性和周期性的特点，灾害发生具有阶段性，各类灾害之间也容易产生互相诱发，形成复杂又紧密相连的关系（高岚，2002）。

灾害管理作为一个从防御到结束的连续的、周期的过程，管理所需的数据的收集也必须依据周期性和连续性的原则，这就决定了在实际的用于数据收集的灾害统计指标体系也需从灾害的周期性出发进行构建，以保证基础数据的完整性。

2.2.1.2　森林灾害经济损失补偿和保障理论

森林灾害经济损失补偿和保障理论认为，森林灾害造成的经济损失可通过多类主体、多种方式进行补偿。本研究中，森林灾害统计指标体系中的救灾、灾损评定和灾后恢复等不同阶段，涉及不同主体利用不同方式进行损失补偿，以保障林业生产的顺利进行。

森林灾害经济补偿按照不同补偿主体可分为：政府补偿论、自我补偿论、社会补偿论；按照不同的补偿方式分为：灾害商业性保险、政府救灾、灾害社会保险和灾害互助保障、灾害社会援助。

(1)政府补偿论。以政府为主体开展防灾救灾和灾后重建、恢复工作。通过设立国家专项救灾/恢复基金、明确各级财政补贴、构建各级政府责任体制等方式开展森林灾害损失补偿,其中财政资金分配是补偿灾害损失的主要资金来源。

(2)自我补偿论。受灾者自身利用风险意识和财力储备对发生的灾害及损失进行补偿,将灾害损失作为受灾者个人事情,与政府和社会责任相分离。

(3)社会补偿论。社会补偿理论强调社会成员和社会各界的共同参与、互相援助。该理论不同于政府补偿和个人补偿,但同时包含这两类补偿。

2.2.1.3 投入产出理论

投入产出理论认为国民经济各系统中都存在资源投入和成果产生的经济关系,通过对各项活动经济关系的数量分析,研究和分析国民经济各部门和整个系统的联系。本研究中,对于森林灾害各管理阶段(主要包括灾害预防、减灾救灾、灾后恢复)的衡量,利用了投入和产出的概念,通过灾害管理投入,继而评估灾害管理效果。

投入产出分析是最早由美国经济学家列昂惕夫创立、针对国民经济各部门、再生产各环节间的数量依存关系进行研究的一种方法(廖明球,2009)。投入产出中的投入(input)是指一个系统进行某项活动过程中对各种生产要素的消耗和使用,包括最初投入和中间投入两类;产出(output)是指一个系统进行某项活动产生的结果,包括物质产品和劳务等被分配和使用的方向(陈锡康、杨翠红,2011)。投入产出分析可以运用于经济系统,也可以运用于军事、生态等系统。主要通过建立投入产出表或者运用矩阵数学方法建立投入产出模型的方式对研究部门间的经济联系进行综合研究。

2.2.2 森林保险的相关理论

2.2.2.1 风险分散理论

风险分散理论是通过增加风险单位的方式,来去除或削减风险对于单个单位的破坏性。在本研究中,森林保险统计指标体系中涉及风险单位(林业生产者)和保险单位(保险企业),通过保险企业对森林保险的承保,分散了林业生产者的生产风险。

风险分散原理可用切贝雪夫定理进行解释,即大量随机现象平均结果具有稳定性。保险学上的含义可描述为:大量保险单位的总体发生结果去除了单个或少数单位发生结果的偶然性和变化性,具有必然性和不变性。当保险单位足够多时,平均分摊到每个保险单位的损失是确定和稳定的。但是由于农业和林业保险中,保险单位间责任事故的发生不具有独立性,而有较强的相关性,有时增加保险单位无法起到风险分散的作用。这时，需要使风险单位和保险单位完全相同，并增加风险单位的数量，就可以很好地分散风险。

2.2.2.2　森林保险的经济学理论

森林保险的经济学理论包括森林保险的外部性、准公共物品属性及存在的逆向选择和道德风险。因为森林保险具有外部性和准公共物品属性，所以需要政府的介入，形成政策性森林保险。在本研究中，政府部门也是森林保险统计指标体系中的主体之一。

（1）森林保险的外部性。经济学上，外部性是指经济主体（包括厂商和个人）的经济活动造成的或正或负的非市场化影响。正外部性是指某经济行为主体的经济活动给他人或社会带来了免费的受益；而负外部性是指该经济行为主体的经济活动使他人或社会利益受损，但其本身不用为该后果承担成本。森林保险的开展，保险人并不得益，林农在一定阶段和情况下可以获得部分利益，而社会是最大和最终的受益者，即森林保险具有明显的正外部性特征，从而使得森林保险的"有效需求"和"有效供给"不足。森林保险"消费"表现为利益外溢，边际私人收益小于边际社会收益，而边际私人成本大于边际社会成本。

（2）森林保险的准公共物品属性。福利经济学中，根据物品是否具有排他性和竞争性，其类型分为四种：私人物品、公共物品、共有资源和自然垄断。物品的排他性是指一方的使用可以阻止另一方使用一种物品的特性；而竞争性是指一方使用一种物品可以减少其他方享用该物品的机会的特性。森林对于社会和公众而言，在很多方面都提供重要的服务，如生态、游憩等功能，森林资源环境对于整个社会来说是无排他性又无竞争性的，但是对于林农等个体而言，森林资源具有私人物品的特征。森林保险作为以森林为标的物的保险种类，必须认清其所具有的准公共物品属性（一种介于私人物品与公共物品之间的物品），防止"免费搭车"现象的发生。

（3）森林保险的逆向选择和道德风险。逆向选择在经济学中以"柠檬市场"最为形象，即由于交易双方信息不对称，市场的运行可能是无效率的，传统经济学中市场调节下供求总能在一定价位上满足买卖双方意愿的理论失灵了，变为劣质品驱逐优质品，市场交易产品质量下降的情况。道德风险作为一个经济学范畴概念是指从事经济活动的个体在预计不用完全承担风险后果的基础上为了最大限度地增进自身的效用，做出不利于他人的行为。逆向选择和道德风险的产生在一定程度上都是由于信息的不对称，即在市场经济活动中，各类人员对信息的了解和掌握程度不同，掌握充分信息的往往处于有利的地位，信息贫乏的则常常处于不利地位造成的。

森林保险的外部性、准公共物品属性和存在的逆向选择和道德风险问题，表明了我国森林保险工作开展中，一方面我国林农对森林保险有需求，但由于该项保险的费率高、从中获益不多，林农本身收入、支付能力有限，无法转化为实际的需求。另一方面，商业保险机构以利润为出发点的属性，使其在市场运作中，森林保险这一业务很难为其带来利润。而国内外的实践都表明森林保险的业务在没有政府财政和政策支持的情况下很难获利，甚至亏损。所以，我国森林保险的发展，需要政府的支持、市场(商业保险企业)的运作和林农的获益为基础。

2.3 指标体系设计理论

2.3.1 指标体系设计的基本流程

指标体系的设计是指在基本构建原则的指导下，以森林灾害和保险、指标体系设计的相关理论为基础进行构建，其基本流程如图2-2。

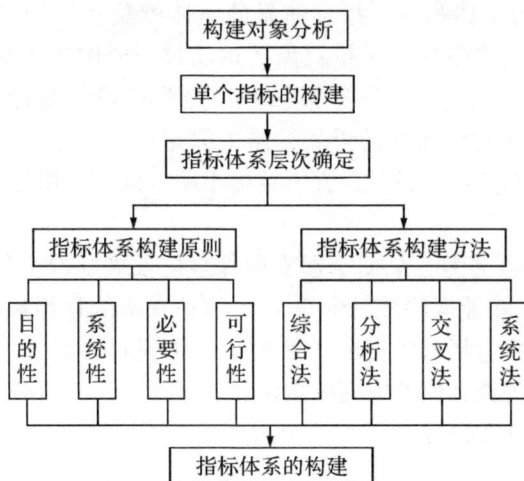

图2-2 指标体系设计流程图

2.3.1.1 指标与指标体系设计的原则

指标体系的设计需遵循一系列原则并有其一整套严密、系统的方法。汤光华、曾宪报(1997)指出设计指标体系应坚持目的性、全面性、可行性、稳定性、协调性和结合性等基本原则。潘杰义、刘西林(2003)也提出了指标体系设计的几个原则：目的性或针对性、本质性、层次有序性、独立性、可行性或信息可取性、可比性等。张维群(2006)则指出评价指标体系设计的原则主要包含全面性、精炼性、可操作性这三个方面。

2. 3. 1. 2　单个指标的设计方法

经济合作与发展组织（OECD）发布的《Handbook on Constructing Composite Indicators：METHODOLOGY AND USER GUIDE》中针对单个复合指标的设计，主要过程分为：设计理论框架、选择变量、缺失数据插值、多元分析、数据标准化、加权和聚合、稳健性与敏感性测度、回归现实应用加以检验并完善等。并在文中对缺失数据插值处理、多元统计分析、数据标准化、加权和聚合等介绍了最新最前沿的方法。苏为华（1996）提出统计指标的构造过程，首先需要明确测量目的及测量对象的定义；从理论定义出发，进行操作性转化，找出可计量的标志值以合成统计指标；确定指标计算内容，选择合适的合成方法对指标内容进行合并处理。

2. 3. 1. 3　指标体系的设计方法

指标体系的设计过程通常可分为指标体系的内容分析、指标体系的初选方法（综合法、分析法、交叉法、指标属性分组法和结构化方法）和指标体系的测验及结构优化（元素的单体测验、指标体系的整体测验及结构的优化）三个环节，其中在指标体系的初选中提出了按对象的运动过程或构成要素进行分析的方法（苏为华，1995）。而汤光华、曾宪报（1997）则提出设计统计指标体系过程中，为解决指标间独立性与全面性的矛盾，需采取定量的方法，并介绍了变异系数法、熵值法、相关系数法、条件广义方差极小法、极大不相关法、聚类分析法等六种定量方法。

2007 年中国保监会为了全面掌握农业保险的发展状况，科学制定农业保险政策措施，发布了《农业保险统计制度》及《农业保险统计指标》，其中设计的农业保险统计指标体系包括财务指标、业务指标和分析指标三大类。目前，我国林业统计中还没有有关森林保险方面的指标和数据发布，我们可以借鉴和参考农业保险指标的相关设计和研究。

2. 3. 2　森林灾害和保险统计指标体系设计的基本流程

我国森林灾害和保险统计指标体系设计中，不仅需要以指标体系构建流程和基本方法为指导，更要以森林灾害和保险的特点、流程为依据，以基础数据收集为目标，明确其基本的设计流程（图 2-3）。

森林灾害管理和保
险运行分析

森林灾害和森林保险
指标体系的分别构建

森林灾害和保险指标	森林灾害和保险指标体
体系构建的基本原则	系构建的基本方法

森林灾害指标体系层次划分	森林保险指标体系层次划分
森林灾害统计指标 体系的初步设计	森林保险统计指标 体系的初步设计

森林灾害和保险统计指标
体系的测验和完善

森林灾害和保险统计指标
体系的最终确定

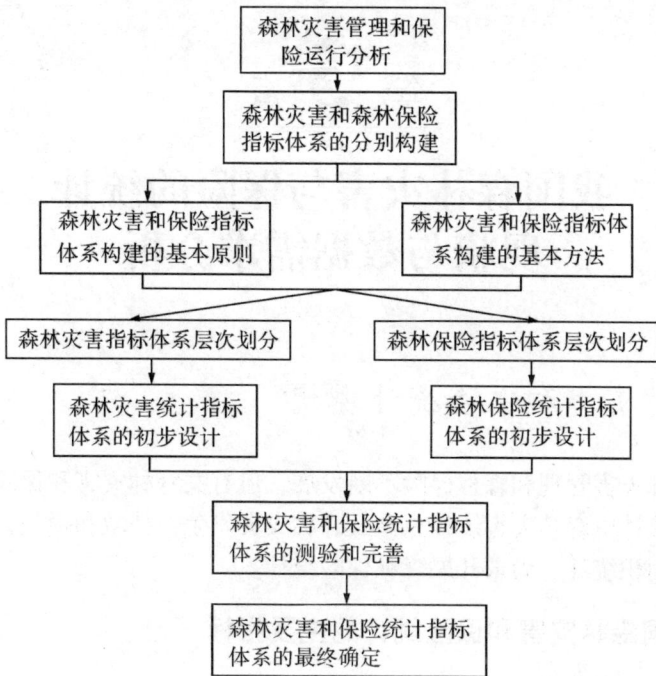

图 2-3　森林灾害和保险统计指标体系设计流程图

第 **3** 章

我国森林灾害与保险的统计
现状与数据需求分析

3.1 森林灾害和保险统计现状

我国森林灾害管理和森林保险不断发展，但有关森林灾害和保险的统计并不完善，林业统计中森林灾害统计只涉及森林火灾发生、扑救和损失，以及森林病虫鼠害发生面积统计，尚未开展森林保险统计。

3.1.1 我国森林灾害和保险统计的主要指标

目前，我国有关森林灾害的统计主要来自于《中国林业统计年鉴》，其中的森林主要灾害情况统计分为不同灾害类型、不同地区的统计。其主要指标见表3-1。

除此之外，对于森林病虫鼠害防治检疫机构的统计分为：森林病虫鼠害防治检疫机构和森林病虫鼠害基层测报机构。其中检疫机构的统计分为：省级、地级、县级和检疫员数量；基层测报机构的统计分为：测报站点和测报员数量。该统计年鉴中没有涉及森林保险有关的统计指标。

目前，我国林业统计中，不存在系统的森林保险指标统计，森林保险所有的基础数据主要来源于承保森林保险的保险企业的业务统计。所以我国森林保险的统计指标与普通财产保险业务指标相类似，主要包括：保费收入、保险金额、承保面积、赔付支出、参保率等。

表 3-1　目前我国森林灾害统计的主要指标

灾害类型	指标名称	灾害类型	指标名称
森林火灾	1. 火灾次数 　其中：一般火灾；较大火灾；重大火灾；特大火灾 2. 火场总面积 　其中：受害森林面积 3. 损失林木 　其中：成林蓄积；幼林株数 4. 扑火经费 5. 出动扑火人工数 6. 伤亡人数 　其中：受伤人数；死亡人数 7. 出动车辆 8. 出动飞机 9. 其他损失折款 10. 火源次数 　其中：（1）已查明火源次数 　　　　其中：生产性火源； 　　　　　　　非生产性火源 　　　　（2）未查明火源次数 11. 火案处理情况 　其中：已处理起数；已处理人数；刑事处罚人数	森林病虫鼠害	**森林病害** 1. 发生面积 　其中：轻度；中度；重度 2. 发生率 3. 防治面积 4. 防治率 **森林虫害** 1. 发生面积 　其中：轻度；中度；重度 　　其中：松毛虫 　　　　　杨树食叶害虫；杨树蛀干害虫 2. 发生率 3. 寄主树种面积 4. 防治面积 　其中：化学防治；生物防治 　　其中：松毛虫 　　　　　杨树食叶害虫；杨树蛀干害虫 5. 防治率 **森林鼠害** 1. 发生面积 　其中：轻度；中度；重度 2. 发生率 3. 防治面积 4. 防治率

3.1.2　我国森林灾害和保险统计的主要方法

目前，我国进行森林灾害和保险统计的主要方法是报表制度，即通过各基层统计单位和保险企业填报统一的统计报表收集数据。其中，我国分为政府综合统计和政府部门统计两类体系，综合统计是各行政单位（县级以上）设立的独立的统计机构，部门统计是各部门设立的部门统计机构。我国森林灾害和保险统计主要就是通过这两个体系中的报表制度，层层上报进行数据收集的。

3.1.3　我国森林灾害和保险统计中存在的问题

目前，我国森林灾害统计中存在指标和层次单一等问题；森林保险统计则完全没有纳入林业统计制度中。森林灾害和保险统计是森林灾害管理和保险运行决策的基础和依据，相对森林灾害和保险统计数据需求，我国的森林灾害与保险统计需要进一步改进和完善。

（1）我国森林灾害统计指标体系不完善。我国《林业统计年鉴》中有关森林灾害统计被放置于附录，未纳入林业统计制度报表体系。各类灾害类型的指标也较为单一，森林病、虫、鼠害的统计都基本以发生面积、发生率、防治面积、防治率来统计。没有针对不同灾害类型的特点进行针对性的统计指标设计，也没有对不同灾害发生过程、管理阶段进行分类指标设计。同时，各地有部分针对当地灾害发生情况的具体数据统计，但由于没有统一标准，这部分数据的利用率低下、可对比性不足。

（2）我国森林保险统计指标体系几乎空白。我国《林业统计年鉴》中没有有关森林保险的任何统计指标，目前的森林保险统计指标体系研究也多集中于理论研究。有关森林保险的数据都是由各保险企业业务统计得来，其指标与基本业务挂钩，较为单一。没有针对森林保险的特点（具有政策性）进行针对性的统计，其数据也多与其他保险业务数据加总。

3.2　森林灾害管理及数据需求分析

森林灾害管理是有效组织和协调一切可利用的资源，监测、预防、应对森林灾害，并在灾后积极重建的一个过程。其目的是通过一系列的组织协调，来保障生态的安全、经济的发展和社会的稳定。随着我国对于森林在社会经济生活中所发挥作用的认识的加深、森林产业的发展和国家林权改革的深入，森林灾害管理将朝着科学化、多样化需求方向发展。

3.2.1　国外森林灾害管理实践

国外森林灾害管理中关注森林健康情况，即不仅注重灾害救助、灾后重建，更注重整个管理过程中森林整体健康的长效机制。以美国为例，分别于1988年和1993年制定了森林健康计划，并于1993年开始实施，具体措施包括疏伐、控制性火烧、死树利用、主要病虫害的防治等；同时构建了系统的监测体系，通过察看监测、评价监测和立地生态系统监测进行森林健康监测（赵良平等，2002）。美国将森林病虫害和森林火灾的防治提到了森林保健的高度，2003年对森林健康进行了立法，制定了发展战略（肖文发等，2001）（表3-2）。

减灾救灾及灾后恢复依然是森林灾害管理中最为重要的一环，目前，美国、日本及北欧等国家都建立起了较为健全的灾害应急系统、救灾减灾机制和政策性森林保险机制，保证了及时、有效地应对灾害，快速、科学进行灾后恢复工作（表3-2）。

表3-2 各国森林灾害管理实践

国家	灾害案例	应对措施
美国	1998 年，美国包括纽约在内的 4 个州遭冰雹袭击，造成 688 万 hm² 森林受损	1. 调动和协调救灾力量。相互协调、通力合作，进行灾害救助(包括道路清理、基建恢复)和灾损评估 2. 通过救灾机制紧急划拨资金。救灾资金不仅被用于即时救灾，还应用于管理机制完善、城市和社区森林发展、农村经济恢复和发展等 3. 制定科学统一的评估标准。由于树木大小、品种和习性不同，林木受损程度不一，据此对其进行统一分级 4. 灵活、科学地实施救灾方案。针对不同受损情况实施重植、修枝、去顶、矫直等不同措施
日本	2005 年年底到 2006 年年初，日本遭遇 20 年来最大降雪，造成 150 多人死亡，受损林木达到 3000hm²	1. 系统性抗灾救灾。通过加强救灾指挥，建立灾防机构，达到系统性、全国性救灾目的 2. 强化灾害监测和安全避难体制。通过完备的情报和通信体系进行灾害监测，并及时通告居民，做好防灾避灾准备 3. 加强森林保险赔力度。通过立法保障森林保险赔款的执行，并用于林业发展和居民生产生活恢复 4. 进行灾后土地治理和森林恢复工程。划拨专款，派遣专人进行受害山地的治理，防治灾害再次发生；对林区生产生活功能和森林生态环境进行恢复
德国	1999 年，德国大部地区都遭遇暴风雪，造成全国受灾林木达 3000 万 m³	1. 及时清理受灾林木。为防止次生灾害发生，快速清理受灾地区林木，对于缺乏运力运出的林木采取多种方式保存 2. 调配运力、人力物力和资金进行救援。政府出台减息贷款政策，各州协调共同进行援助 3. 稳定灾后木材市场。通过政策调节市场木材供给量，稳定市场价格，发挥行业协会和基金会作用促进木材销售
瑞典	2005 年，瑞典南部遭受暴风雪袭击，造成近 7500 万 m³ 林木受灾	1. 及时提供和公开灾害信息。利用专项资金进行灾害通告、灾情清查，公开灾害主要信息 2. 协调救灾力量。协调民众、企业和政府共同调研灾害情况，参与救灾，并制定统一行动计划 3. 加大灾后次生灾害防护。成立专门的专家小组——全国森林保护委员会提供指导，增加人力物力进行灾后次生灾害的防疫、监测

3.2.2 我国森林灾害管理现状和数据需求分析

3.2.2.1 我国森林灾害管理的现状

由于地理条件、经济环境、人口因素等的综合作用，我国森林灾害具有频率高、灾情复杂、管理难度大等特点。以森林火灾为例，根据2012年《中国林业统计年鉴》数据，我国2012年全国发生森林火灾3966次，其中重大灾害1次，受害森林面积达 13948hm^2，伤亡人数 21 人。目前我国森林灾害管理现状可以概括为四个主要方面。

（1）森林灾害管理日益实现多层次、多手段。随着我国经济发展水平的提高，森林灾害管理不再只停留于"有灾救灾"的层面，而是更加注重森林灾害管理中的前瞻工作，如灾害预测、预警、防治。同时注重整个管理体系和制度的建设，不仅将高新技术手段纳入其中，也更加注重以人为本，将灾害管理深入基层。

（2）森林灾害管理与地区经济发展的不平衡。我国森林资源丰富地区多为山区、丘陵地带，地理环境复杂，森林灾害多发，灾害管理难度大，需要更多的人力、物力和财力投入。但同时这些地区的经济发展水平相对较低，防灾救灾能力以及财政支持力度有限，使得森林灾害管理需求与整体经济发展之间存在矛盾。

（3）森林灾害呈链式反映，对于不同灾害类型的管理成熟度不一。目前我国研究和实践中，都主要以火灾和生物病虫灾害为重点。但是我们可以看到，由于我国地域辽阔，各地自然条件差异巨大，森林灾害的类型和特点也各不相同；另一方面，各类研究和实际灾害发生情况都显示，森林灾害的发生并不是单一的、独立的，通常伴随有诸多次生灾害，甚至多种灾害同发。对于各类灾害研究和管理的协调性和统一性有待加强。

（4）森林灾害管理缺乏系统性与多样性的统一，缺乏完整的森林灾害基础资料。目前，国家统计局和国家林业局进行全国和各省主要森林灾害类型的基础统计，但较为粗略。各地区所统计的各类具体数据由于缺乏相应平台和机制，数据无法共享，数据的公开和透明也存在诸多障碍，不利于管理政策制定和研究的开展。

3.2.2.2　我国森林灾害管理中的数据需求

针对我国目前森林灾害管理现状，从宏观上，我国的森林灾害管理需要保证财政投入、实现管理制度创新、加强立法宣传工作。而具体实践中，目前最需要做的是森林灾害的信息资料数据库的建立，其中涉及灾害管理各个阶段中的各类型数据信息资料。

首先，各个部门在森林灾害管理工作中，需要利用相应的信息和数据作出科学决策。以森林灾害防治管理部门为例，针对不同灾害类型所需要做的工作不同，对于常见的森林病虫害的防治，需要进行有害生物、外来生物的监测统计，以及营林环境、气候条件等的统计。依据这些信息和数据灾害防治部门可以建立模型进行预测，也可通过与历史数据的对比进行长期监测。各地区对森林灾害更好的预防、科学的救灾和有效的灾后管理的实现，离不开森林灾害信息和数据的统计。

第二，森林灾害在各地、各阶段的情况各不相同，需要统一、标准化的数据平台。如在灾害的预防阶段，以致灾因素和防治措施的统计为主；在灾害的发生发展阶段，则以灾情、灾害损失等统计为主。不同地区、不同灾害阶段的数据由于存在一定差异，为了更好地归类、区分，用于研究和决策的对比，需要一个统一、标准化的数据平台进行整合。

第三，森林灾害信息和数据的搜集和数据平台的建立都需要一个科学合理的森林灾害统计指标体系。森林灾害统计指标是对森林灾害特征进行数量和质量的反映，森林灾害统计指标体系是对森林灾害灾前、灾害发生发展及灾后整个过程的系统反映。我国森林灾害统计上一直停留于火灾次数、过火面积、人员伤亡等零散指标，没有形成一套涉及生产、生活、环境和资源的多层面的火灾危害和损失评估指标体系，在一定程度上影响了我国的森林火灾损失评估工作。所以，一套覆盖森林灾害各阶段、各层次的科学的统计指标体系是基础信息数据库建立的迫切需求，也是森林灾害管理不断创新和进步的基础。

3.3　森林保险运行及数据需求分析

3.3.1　国外森林保险运行实践

欧美等发达国家的森林保险开展已具有较悠久的历史，形成了各具特色的森林保险运行机制和管理实践。

总的来说，森林保险运行分为三大类型：以政府为主体的国有化森林保险运行体系；政府和商业保险公司合作的森林保险运行体系；以及以私有化的商业保险公司为主体的森林保险运行体系。从国外各国的森林保险实践中不难看出，无论是哪种运行体系，都离不开政府和政策的支持(表 3-3)。

表 3-3　各国森林保险运行实践

国家	开展模式	法律	运行和发展
美国	补贴私人保险机构开展森林保险业务	1924 年通过《Clarke-Mc Nary 法案》	1. 通过补贴，政府承担了一部分森林保护措施成本 (H. B. Shepard，1937) 2. 森林保险公司利用合保方式进行承保，并创新产品，标准化分类，引入市场竞争机制(William Walters，1952) 3. 政府向私营保险公司提供费用补贴，提高保险公司积极性
日本	非盈利的森林共济会经营森林保险；官方机构提供再保险	1937 年通过《森林火灾国营保险法》	1. 国有林费用完全由国家负担 2. 险种扩展为：火险、气象险和喷火险三类 3. 日本林业厅制定全国统一的林木价值标准和保险费率，据此投保人可自行计算出所需保险费(陶传友，1997)

（续）

国家	开展模式	法律	运行和发展
瑞典	森林保险全部由私营保险公司经营；联营再保险公司分担巨灾风险	1994 年颁布《森林法》新法	1. 根据各类因素对全国森林进行划分，分为 6 大区域，实行不同费率。险种包括火灾险和综合险 2. 森林保险保额按照单位面积蓄积量确定统一价格，按具体投保面积多少收取保费，按实际损失进行赔偿（王华丽，2011） 3. 推进森林保险标准化工程

3.3.2　我国森林保险运行现状和数据需求分析

3.3.2.1　我国森林保险管理运行的现状

我国森林保险管理工作，是以政府部门为主体，以保险企业和林业生产者为对象开展的。目前我国的森林保险随着经济的发展、金融体制的完善及林业生产的进步不断发展壮大，森林保险管理水平也不断提高，同时也存在着一系列问题。

（1）已初步形成以政策性森林保险为基础，各级政府部门协同合作、保险公司运作经营的森林保险管理运行模式。我国从 2009 年开始新森林保险保费补贴试点工作，财政部、保监会等共同下发有关政策性文件，在宣传、理赔和风险控制等方面进行了广泛摸索。如浙江省针对理赔难的问题，形成了市县定损理赔小组、乡镇查勘估损工作组和村保险咨询点这 3 级工作组。林业部门将业务运行交与保险公司的同时，引入保险经纪公司以代理森林保险的招标、方案制定和业务督办等工作，基本形成了我国的森林保险管理运行模式。

（2）森林保险管理运行中仍存供求矛盾。我国森林保险开展过程中，供求矛盾虽然有所缓解，但依然存在。作为森林保险的提供者——保险经营机构，特别是基层机构积极性不高，这里的原因主要是由于森林保险风险高，业务面对广大林农、对象分散而且量大。而广大林业生产者由于参保意识薄弱、保额和保费的比例设置问题、复杂的理赔程序、冗长的理赔时间，以及实际赔付率低等问题，造成森林保险的市场广阔但需求不足。两者的矛盾对于我国森林保险的整体发展和具体业务的开展都是不利的。

（3）具体实践中的损失鉴定和理赔等环节急需规范化、标准化。林木本身是多年生植物，灾害发生后，林木的受损程度的鉴定一直是难点和重点，而且受灾林木即便成活，其经济、生态价值也会受影响，对其认定直接影响灾害损失程度的认定。自 2009 年以来的森林保险试点工作表明，森林灾害发生后查勘定损环节工作量大，且缺乏相应的技术规范和评估标准。针对这一点，福建省为规范森林保险理赔工作率先制定了《森林保险理赔操作规程（试行）》和《森林保险灾害损失认定标准》；研究人员从不同领域对森林生态效益的评估进行了研究。

（4）林木分类保险和管理机制还未形成。由于不同树种、林龄的林木生长、受损情况各异，相关的保险业务开展和管理也需要根据具体情况进行划分。以返青率为例，实际中不同树种、不同龄级返青率是不同的，如用材林树种杉木，即使返青后也难以成材，或者成长速度和质量严重下降，但保险公司一旦确定为返青范围的便不再补偿；另外，对于中龄林以上的杉木，因存在部分砍伐收益，赔付比率更低（王林娟、胡明形，2011）。我国森林保险在积极探索区域统保模式的同时，在各级管理中针对不同林种、不同龄级的林木分类保险和管理机制还未真正形成。

3.3.2.2　我国森林保险管理运行中的数据需求

在我国森林保险管理中涉及政府部门、森林保险企业和林业生产者三类主体，政府部门主要制定森林保险政策、建立健全我国森林保险开展机制、发挥森林保险的灾害防治和救助的基础作用、提供森林保险保费的财政补贴；森林保险企业积极推进森林保险业务的开展；林业生产者通过投保森林保险，转嫁和防范灾害，减少林业生产损失。这些过程不仅是保险主体作出决策的过程，也是森林保险管理及运行的实现过程。

首先，政府部门、森林保险企业和林业生产者对于数据和信息有不同的需求。以上三个主体在森林保险中的出发点和目标各不相同，但是都具有各自的信息和决策需求。特别是政府部门和森林保险企业，在森林保险管理的宏观和微观层面分别发挥着重要作用，需要对森林保险的宏观政策制定和森林保险业务的具体开展进行分析，并作出决策。在这个过程中需要全面涉及三类主体的历史数据和即时数据。

第二，我国森林保险发展对于完善、标准化的行业数据信息的需求。我国森林保险的发展过程中，无论是政府综合统计还是林业行业统计中都缺乏系统的森林保险统计信息。而随着我国森林保险的发展，对于这类信息的需求量越来越大，必然要求林业统计需要对森林保险统计数据进行及时、全面地获取并发布。

第三，森林保险基础数据的获取需要设计一套科学的统计指标体系。无论是数据的有效、全面获取，还是满足不同主体各自的信息需求，都需要一套科学合理的统计指标体系。因此，建立一套统计指标体系以系统、全面地反映我国政策性森林保险业务的开展情况，不仅是政府、保险企业和林业生产者等森林保险业务相关方决策支持的现实需求，也是促进我国森林保险事业健康发展的一项基础性工作。

第 **4** 章

森林灾害和保险统计指标体系的初步设计

4.1 森林灾害和保险统计指标体系设计的指导思想和原则

4.1.1 森林灾害和保险统计指标体系设计的指导思想

森林灾害和保险统计指标体系应以灾害研究的理论与实践、基础指标和指标体系的构建理论为指导，借鉴国内外森林灾害、森林保险及其指标体系的有关研究，结合我国森林灾害和保险统计实践中的数据需求进行分析的基础上进行构建。作为一个基础指标体系，应从我国森林灾害管理的基本流程和森林保险业务开展的主要过程出发，针对不同主体，反映我国森林灾害和保险中的基本信息和数据。该指标体系具有一定通用性，同时，在具体实践中可以根据不同灾害类型、不同险种及不同经济发展环境等条件，在原有基础数据的基础上进行转换和计算。

4.1.2 森林灾害和保险统计指标体系的设计原则

根据统计指标理论中指标体系设计的一般基本原则，结合我国森林灾害和保险实践，森林灾害和保险统计指标体系的构建应遵循以下主要原则：

(1)目的性原则。指标体系构建需要明确对象主体、现实需求、构建意义，特别是构建的目标和目的。目前，满足我国森林保险业务的新发展，林权改革的配套措施建设以及林业统计理论的发展，特别是政府、保险企业和林业生产者三方面主体以及其他信息需求者对统计信息的现实需求，是森林保险统计指标体系构建的目的所在。

(2)系统层次性原则。森林灾害的发生、保险业务的开展都具有阶段性，各阶段紧密相连、不可分割。以森林保险为例，其业务的开展不仅涉及不同的灾害类型、险种，不同地区、不同林种的情况也是千差万别。森林保险开展过程中涉及政府、保险企业和林业生产者三类主体，在指标体系的构建中需要据此分为宏观和微观两大系统。同时，与森林灾害统计指标体系相联系，两者构建成为一个系统的森林灾害与保险统计指标体系。在这个过程中，必须抓住主线和重点，理清层次，建立系统、清晰的基础统计指标体系。

（3）必要性原则。必要性原则中不仅要求指标体系设计中抓住实质和重点，也需要注重整个指标体系的完整性。森林灾害的发生是一个灾前、灾中、灾后紧密相连；监测、救灾、重建缺一不可的过程。而森林保险的开展是一个投保人、承保单位、政府部门相互作用的复杂过程。所以在构建统计指标体系时，需要以灾害发生和保险开展的基本过程为出发点，避免重复和冗余的同时，也要注重整个指标体系的完整性、齐备性，以全面地反映森林灾害和保险的基本情况。

（4）可操作性原则。作为基础指标体系，其目的是在相应数据收集体系下，收集到可供分析并有助于决策的数据资料。如在我国森林保险理赔条款中，针对森林灾害和损失要求参考林龄、价值、灾损程度等进行赔付，但实际操作中难以实行。在这里，我们不仅要注意指标数据的可取得性，也要注重指标内涵的易理解性。这样，通过基层进行资料搜集工作才能顺利地展开。

4.2　森林灾害统计指标体系的初步设计

4.2.1　森林灾害统计指标体系的整体框架设计

按照以上指导思想和基本原则，依据森林灾害统计指标体系设计的相关基础理论，借鉴了目前国内外的研究成果，森林灾害统计指标体系总体框架设计由四个层次构成。

第一层次是森林灾害发生的主要周期和管理的不同阶段。即森林灾害的灾前阶段、发生阶段、灾后补偿和重建阶段四个方面，宏观地对森林灾害周期进行把握。

第二层次是森林灾害管理涉及的各个主要方面。依照森林灾害发生发展的过程以及与之相对应的损失的评估，从灾害的监测—预防—灾情描述—救灾投入—灾损情况—灾后恢复等管理过程各层面展现整个森林灾害及其损失的情况。

第三层次是反映森林灾害各层面管理需要，并提取的主要指标类型。如灾害的监测中由气象指标、直接致灾因子指标两类指标构成。

第四层次是反映以上各类型指标的具体可操作性指标。并对各指标内容所需注意事项进行标注，以准确理解各单个指标的含义。

4.2.2　森林灾害管理阶段及基本过程分析

　　灾害管理的全过程具有连接性，一般划分为三大阶段：灾前的备灾管理、灾中的救灾管理和灾后的重建管理。在这各个阶段，中央和地方政府主管部门发挥着决策、指挥、组织、领导、协调、控制和监督的灾害管理功能（赵领娣，2003）。我国早在20世纪80年代末就提出并开展减轻自然灾害系统工程的研究工作，减灾系统工程一般把减灾划分为：监测、预报、防灾、抗灾、救灾和重建等6个子系统。森林灾害统计指标的构建及其基础数据的收集都是在对森林灾害的发生、发展及管理过程的科学解析的基础上进行的。

4.2.2.1　森林灾害管理阶段关系分析

　　森林灾害管理中，包括灾前、灾中和灾后三个基本阶段。灾前管理是管理部门为防灾减灾所作的灾害监测、预防等工作；灾中管理是管理部门对已发生灾害采取的救灾和灾损评定工作；灾后管理是管理部门发动全社会力量进行的灾后恢复重建工作。除此之外，灾害管理中还包括灾情描述，用于对灾害发生基本情况的纵向和横向描绘、分析。森林灾害管理阶段的主要关系如图4-1。

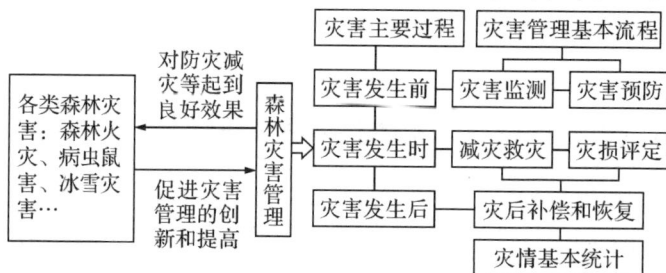

图4-1　森林灾害管理阶段分析

4.2.2.2　基本过程分析

　　我国森林灾害管理基本过程的分析，主要是针对不同致灾因素的监测、不同管理阶段的投入与效果的衡量以及不同层面的损失测定。灾前的监测是以通过对不同灾害致灾因素的测量、记录和监控为中心；灾害的预防、救助以及恢复工作主要涉及投入与效果的衡量，并通过经济方式计量；灾损的评定则是从立木资源、生态环境资源和生产生活三方面进行具体损失测定。

4.2.2.2.1　灾害前

　　（1）森林灾害监测。森林灾害的监测主要是监测部门通过对引起灾害发生的主要因素的观察、计算、分析，达到灾害监视、预防的目的。在灾害发生前（即灾害的潜伏期），其主要影响因素存在一个数量渐变过程，这是可以被监测到的。影响我国森林灾害发生的主要因素包括：①森林所在环境的气象气候情况。如长期高温和干燥容易引发森林火灾；而大风会进一步加剧火势。②森林所处地理环境。如在冰雪灾害中，由于阴坡日照少，冰雪霜冻的发生率大于阳坡森林区域。③森林自身的林分因素。如人工林由于林种的单一性，较天然林的防火、防虫能力弱；不同树种的防火防灾能力不同。④直接致灾因素的情况。如森林火灾中的可燃物载量、林区易致灾的生物情况（种类、数量）等。以森林火灾为例，其发生必须具备三个基本要素：可燃物、火险天气、火源。火源可以进行一定人为控制，可燃物和火险天气则可进行预测预报而加以防范，这也正是森林灾害监测的目的所在。

（2）森林灾害预防。森林灾害预防是指在灾害监测的基础上，对可能发生的灾害类型通过各类建设、人力物力的投入达到防治和减灾效果的工作（这里也包括人们防灾意识的提高达到的灾害防治效果）。以森林火灾的预防为例，增强各类防灾设施建设，如构建防火林带（林区）；加强林区交通建设；设置森林防火工作站以及一定密度的火情瞭望台，这些都有利于减缓或阻止火势蔓延，使得灾防、救灾工作及时、顺利地展开。除此之外为了对监测情况进行分析，随时巡查林区火险情况，预防火灾发生，还需要大量的人力物力投入，如：灾防人员的培训；财政的投入；技术研究工作的开展等；也可以进一步利用与历史数据的对比，分析本地区灾害预防工作情况的进展和效果。

4.2.2.2.2　灾害中

（1）森林灾害的抗灾救灾。森林灾害的抗灾救灾是指在森林灾害发生后，政府和社会针对具体灾情为抢救国家和人民的生命财产，减少森林资源损失，投入大量人力物力进行的抗灾救灾活动。抗灾救灾中涉及不同的主体，国家、各部门单位、社会团体、个人等，所投入的人力物力也分为政府财政、社会捐助；组织形式也分为政府救灾和社会自发救灾。在这个过程中，为保证效果，需要针对各地区不同受灾程度和情况，按照因地制宜、分类施策、分区治理的原则进行抗灾救灾。以森林虫害中的治理为例，对于连片受灾程度较高、虫口密度较大、已无法挽回受损林木价值的林地，以进行林地的更新改造为主（注重加强林分的结构性改造），辅以生物防治、药剂防治等。对于连片受灾程度较低、虫口密度较小、多以中幼龄林为主的林地，通过药剂防治、清理虫害木及人工物理措施进行处理。而对于新传入和零星偶发地，则通过拔除有虫株，除去虫源即可。

（2）森林灾害损失评定。森林灾害损失是指由于森林灾害的发生，造成该地区直接和间接的经济损失，以及生态环境损失，包括生态环境、林木资源、财产、人员、生产等的损失，针对不同主体损失类型主要分为：林木资源的损失、生态环境的损失和生产生活的损失。灾损指标的衡量需要选取能代表调查地块受灾情况和程度的地段，设置标准地或样方进行损失调查。其中的生态环境资源的价值损失计量，主要参照中华人民共和国林业行业标准《森林生态系统服务功能评估规范》，利用影子工程价格法、替代工程价格法、机会成本法、替代市场价格法等方法进行计算。在森林保险损失评定中并不包括生态环境资源损失，因为目前各类计算方法在实际应用中的效果有待考量；但在管理部门和国家政府进行重大灾害评定时，还是需要考虑所造成的生态环境破坏程度。同时，森林灾害的发生有时也会带来一定经济效益，主要包括：森林灾害带来的生态系统更新基础上的生态环境效益；有益的森林环境布局的调整等。由于目前对于效益部分的衡量有一定困难，而对森林灾害损失评定是森林保险开展中重要的一环，所以森林灾损评定中以对灾害造成的林木损失进行衡量为主体。

4.2.2.2.3　灾害后

森林灾害发生后，在积极救灾和灾损评定的基础上，需要利用已建立的森林保险体系进行森林灾害损失的及时补偿和各类重建工作，即森林灾害恢复。灾后补偿主要分为财政、社会捐助和保险赔付三大部分。灾害恢复是针对森林灾害造成的破坏，利用灾后的补偿措施获取的人员、资金和政策支持，以进行林区生态环境、生产生活的重建，最直接的表现是进行林地更新。从宏观上来说，森林灾害灾后恢复需要经历十几年，甚至几十年、上百年的时间，短期内没有很好的可衡量性。但是从微观和短期来看，我们还是需要对灾后的即时恢复工作进行评价。

4.2.2.2.4　基本灾情分析

基本灾情分析是在对本次森林灾害发生发展的基本情况进行梳理和评价的基础上，结合该类型灾害的历史资料和数据进行对比分析，得出该类型/地区灾害发生的基本规律。其中，森林灾害发生的基本情况主要包含灾害行为和灾情描述两方面。灾害行为由于不同灾害类型的主要引发因素不同而具有较大的差异性，可以根据具体灾害类型进行灾害行为的衡量。灾情描述则主要可以从灾害发生的原因、灾害时间、空间和灾害后果等几方面进行描述。灾情统计不仅可以实现对该地区不同历史阶段灾害发生情况和规律的对比，也可以实现灾害在不同地区之间的对比。

4.2.3　森林灾害统计指标体系的初步设计

许飞琼(1996)提出了灾害统计指标体系构建的宏观体系框架，把灾害统计指标体系分为了灾因、灾情、灾损、减灾和补偿 5 个统计子体系。严国清(1999)提出了包括森林火灾指标、森林病虫害指标和人为森林灾害指标的森林灾害指标体系。本研究以构建基础统计指标体系为目标，主要依据森林灾害发生的过程及灾害管理的各阶段，对森林灾害统计指标体系进行初步构建。因为灾害类型不同，其各阶段的管理侧重不同，所以在子指标层设计中也引入灾害类型分别进行构建。

4.2.3.1　森林火灾统计指标体系初步设计

森林火灾管理中，对于火灾监测的技术不断发展，多地都建立了森林火灾监测和预报系统。同时，由于森林火灾是最为多发，造成灾损程度最大的森林灾害类型之一，我国历来重视对森林火灾的预防、救灾体系的建设，所以其防灾救灾管理较为完备。对于火灾发生和灾后重建工作，由于林木生长周期长，同时林区以林牧业为主，所以这部分都以可计量的投入产出情况进行衡量，见表4-1。

表4-1　森林火灾统计指标体系初步框架

灾害期	环节	子指标体系	具体指标
灾前	灾害监测	气象指标	温度日较差、平均温度、平均降水量、相对湿度、风向风力
		直接致灾因子指标	可燃物类型、总可燃物载量、可燃物含水率、火源点数量
	灾害预防	建设指标	防火林带长度/总面积、林区交通道路长度/密度、通信覆盖率、林区水网密度/面积、各级救火队伍规模、森林防火工作站数量、瞭望台数量/密度、灾防物资仓库数量/密度
		投入指标	森林火灾保险投保金额、森林火灾保险保费财政补贴额、森林火灾预防财政投入总金额、灾防宣传投入、灾防工程投资、灾防设备药品添置投入、灾防专业人员培训投入、灾防技术科研投入、灾害预防投入总额
		效果指标	人为造成森林火灾比率（下降度）、火灾发生数量（减少量）、成灾率（下降度）
灾中	减灾救灾	投入指标	医疗卫生资源投入价值量、救灾材料工具装备投入数量、救灾人员数量、救灾耗时、各类社会救灾捐款总金额、各级救灾财政拨款总金额、施救总费用
		效果指标	及时救助安置人员数量、减少直接经济损失价值量、清理受害林木数量/蓄积量
	灾损评定	林木资源损失指标	林木受害株数（率）、林木死亡株数（率）、林木灾损总面积/蓄积量、林木灾损价值量、林副产品损失价值量
		生态环境资源损失指标	调节水量价值损失、水土流失量、土壤肥力下降程度、生物多样性损失价值量、非木植物资源损失价值量、野生动物资源损失价值量
		生活生产损失指标	受灾总人数、伤亡失踪人数、转移安置人数、建筑物损毁量、救灾工具设备损失量、居民财产损失价值量、灾防设施损失价值量、工业企业生产损失价值量、农牧业生产损失价值量

（续）

灾害期	环节	子指标体系	具体指标
灾后	灾害恢复	投入指标	灾后恢复总投入金额、森林火灾保险赔偿金总额、林种投入总金额、灾后清理总费用、灾后营林抚育管理费用、医疗抚恤支出总费用、专项基金补偿投入、各级财政拨款总金额、各类社会捐助总金额、参与灾后恢复人员数量
		效果指标	各类次生灾害发生数量、更新造林株数/面积、更新林林木成活率、土壤肥力恢复程度、被毁建筑重建率、林区生产恢复率、林地生产恢复率
	灾情基本统计	灾害行为指标	灾害波及范围(地区及数量)、火强度、火焰高度、火灾蔓延速度
		灾情描述指标	灾害发生时间、灾害持续时间、灾害发生原因、过火面积、受灾率、成灾率、受灾程度/等级

4.2.3.2 森林病虫鼠害统计指标体系初步设计

森林病虫鼠害与森林火灾相比，其预防管理尤为重要。对于森林病虫鼠害的检验检疫、有效防治是灾害管理的关键。其中的专业人员培养、先进技术和方法的研发又是预防工作开展的关键。森林病虫鼠害对于生产生活的破坏多数不及森林火灾，其救灾和灾后恢复以林木本身的救治、恢复为主，见表4-2。

表4-2　森林病虫鼠害统计指标体系初步框架

灾害期	环节	子指标体系	具体指标
灾前	灾害监测	气象指标	平均温度、平均降水量、越冬期温度
		直接致灾因子指标	有害生物种类、有害生物本期累计数量、有病虫株率、虫口密度、虫态、鼠类捕获率
	灾害预防	建设指标	林区交通道路长度/密度、通信覆盖率、森防检疫标准站数量、灾防物资仓库数量/密度
		投入指标	森林病虫鼠害保险投保金额、森林病虫鼠害保险保费财政补贴额、森林病虫鼠害预防财政投入总金额、灾防设备药品添置投入、灾防专业人员培训投入、灾防技术科研投入、灾害防治投入总额
		效果指标	虫源基数(减少量)、鼠类密度(下降程度)、病虫鼠害发生数量(减少量)、成灾率(下降度)、防治面积
灾中	减灾救灾	投入指标	救灾材料工具装备投入、救灾人员数量、救灾耗时、各类社会救灾捐款总金额、各级救灾财政拨款总金额、施救总费用
		效果指标	减少直接经济损失价值量、各类有害生物死亡率、清除病虫死木株数/面积、有效救治林木株数/面积
	灾损评定	林木资源损失指标	林木受害株率、林木死亡株率、林木灾损总面积/蓄积量、林木灾损价值量、林副产品损失价值量

（续）

灾害期	环节	子指标体系	具体指标
灾后	灾害恢复	生态环境资源损失指标	生物多样性损失价值量、非木植物资源损失价值量、野生动物资源损失价值量
		生活生产损失指标	转移安置人数、救灾工具设备损失量、农牧业生产损失价值量
	灾情基本统计	投入指标	灾后恢复总投入金额、森林病虫鼠害保险赔偿金总额、林种投入总金额、灾后清理总费用、灾后营林抚育管理费用、专项基金补偿投入、各级财政拨款总金额、各类社会捐助总金额、参与灾后恢复人员数量
		效果指标	各类次生灾害发生数量、更新造林株数/面积、更新林林木成活率、林区生产恢复率
		灾害行为指标	灾害波及范围（地区及数量）、当期病虫鼠密度、检疫性有害生物数量、非检疫性有害生物数量
		灾情描述指标	灾害发生时间、灾害持续时间、灾害发生原因、染病林木株数/面积、受灾率、成灾率、受灾程度/等级

4.2.3.3 森林气象灾害统计指标体系初步设计

森林气象灾害（冰雪台风灾害）具有一定的地域性，特别是像台风灾害主要集中于我国东南部沿海地区，所以其预防体系具有区域性。气象灾害一般不会造成林木的全损，需要通过救援及时把受灾林木清理并运输出去。如果灾害严重，受损量大，那么极易造成市场受灾林木价格的波动，所以要注重宏观的调控。在救灾和灾后恢复阶段，需要以政府财政为支撑，见表4-3。

表4-3 森林气象灾害统计指标体系初步框架

灾害期	环节	子指标体系	具体指标
灾前	灾害监测	气象指标	平均温度、平均降水量、最大降温幅度、霜冻/降雪日数、风向风力
		直接致灾因子指标	累计冰冻/霜冻日、累计降雨/雪量、预计本年热带气旋数量
	灾害预防	建设指标	林区交通道路长度/密度、通信覆盖率、各级灾防队伍规模、灾防物资仓库数量/密度
		投入指标	森林气象灾害保险投保金额、森林气象灾害保险保费财政补贴额、森林气象灾害预防财政投入总金额、灾防设备药品添置投入、灾防专业人员培训投入、灾防技术科研投入、灾害预防投入总额
		效果指标	灾害预报准确率（提升度）、气象灾害发生数量（减少量）、成灾率（下降度）

（续）

灾害期	环节	子指标体系	具体指标
灾中	减灾救灾	投入指标	救灾材料工具装备投入、救灾人员数量、救灾耗时、各类社会救灾捐款总金额、各级救灾财政拨款总金额、施救总费用
		效果指标	及时救助安置人员数量、减少直接经济损失价值量、清理受害林木数量/蓄积量、房屋倒塌率（下降）
	灾损评定	林木资源损失指标	林木受害株率、林木死亡株率、林木灾损价值量、林副产品损失价值量
		生态环境资源损失指标	水土流失量、生物多样性损失价值量、非木植物资源损失价值量、野生动物资源损失价值量
		生活生产损失指标	受灾人数、伤亡失踪人数、转移安置人数、建筑物损毁量、救灾工具设备损失量、居民财产损失价值量、工业企业生产损失价值量、农牧业生产损失价值量
灾后	灾害恢复	投入指标	灾后恢复总投入金额、森林病虫鼠害保险赔偿金总额、林种投入总金额、灾后清理总费用、灾后营林抚育管理费用、专项基金补偿投入、各级财政投入总金额、各类社会捐助总金额、参与灾后恢复人员数量
		效果指标	各类次生灾害发生数量、更新造林株数/面积、更新林林木成活率、被毁建筑物重建率、林区生产恢复率
	灾情基本统计	灾害行为指标	灾害波及范围（地区及数量）、累计冰冻/霜冻日、河面冰冻厚度、积雪深度、积雪覆盖面积、台风中心风力等级、台风移动速度/半径、台风带来累计降水量
		灾情描述指标	灾害发生时间、灾害持续时间、灾害发生原因、受灾率、成灾率、受灾程度/等级

4.3 森林保险统计指标体系的初步设计

森林保险工作的实践证明，科学的森林保险制度不仅可以降低和分散林业生产者的经营风险，减少了灾害损失，也推动了政府部门森林灾害防救体系的完善。随着森林保险业务范围和规模的扩大，政府、保险企业、林业生产者等森林保险相关方对森林保险信息的需求越来越大。而目前无论是政府综合统计还是林业行业统计中都缺乏系统全面的森林保险统计信息。因此，建立一套统计指标体系，以客观、系统、全面地反映我国政策性森林保险业务的开展情况，不仅是森林保险业务相关方决策支持的现实需求，也是促进我国森林保险事业健康发展的一项基础性工作。

4.3.1　森林保险统计指标体系的整体框架设计

按照以上指导思想和基本原则，依据森林保险统计指标体系设计的相关基础理论，借鉴了目前国内外的研究成果，本研究设计的森林保险统计指标体系的总体框架由五个层次构成。

第一层次是森林保险涉及的系统(包括宏观、微观层)。即以政府部门为主的宏观层和以保险企业、林业生产者为主的微观层。

第二层次是森林保险运行的三个主体。依照森林保险运行过程中涉及的政府部门、保险企业和林业生产者分别进行指标体系的设计。

第三层次是不同主体的森林保险运行流程。按照森林保险业务开展的主要流程进行划分。

第四层次是反映各主体的不同指标类型。主要分为基础指标和计算指标两大类。

第五层次是反映以上各类型指标的具体可操作性指标。并对各指标内容所需注意事项进行标注，以准确解释各单个指标的含义。

4.3.2　森林保险的业务流程和参与主体关系分析

森林保险统计的目的是为全面、系统地反映森林保险业务活动的过程和结果，提供森林保险各参与主体科学决策的依据。因此，森林保险统计指标体系的构建必须明确参与主体及其业务流程的关系(图4-2)。

4.3.2.1　主体关系分析

森林保险作为政策性保险，参与主体主要有：政府部门、保险企业和林业生产经营者(包括：林业企业、林业专业合作组织和个体林农)。政府部门主要是制定森林保险法规和政策，通过直接经营、保费补贴、再保险支持等形式参与森林保险活动，并对森林保险活动进行监管，目标是减少林业生产者的损失，促进森林资源的灾后恢复和发展；保险企业主要是通过提供保险服务收取保费，目标是获取经营利润；林业生产者主要是通过购买保险服务转移林业生产经营风险，目标是获得损失补偿(张长达，2012)。森林保险业务活动和由此产生的资金流将三者联成一个有机整体。

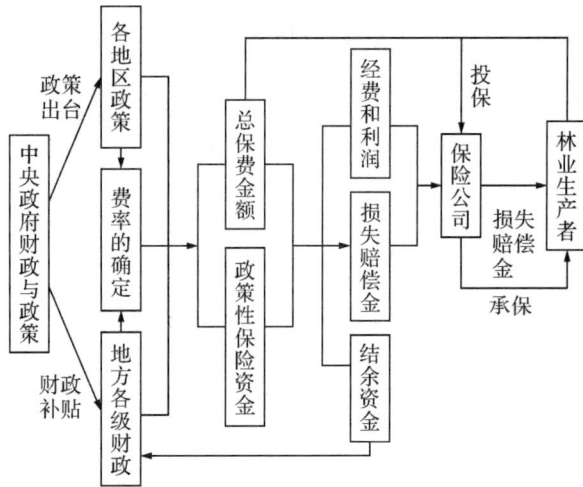

图 4-2　森林保险参与主体间的资金关系图

　　森林保险开展的流程主要分为费率的确定、投保、承保、责任与损失核定、理赔和政府补贴、保险公司业务盈亏 7 个方面。森林保险统计指标体系是以此为基础进行构建的，基础指标设计需要通过对这 7 个方面的具体分析来确定。

4.3.2.2　具体流程分析

　　森林保险开展的流程主要划分为费率的确定、投保、承保、责任与损失核定、理赔、政府补贴与政策、保险公司业务盈亏核算等环节。各环节业务活动的相关统计信息分析如下：

　　（1）保险费率的确定。保险费率和保费的高低是由风险大小来决定的，实践中的财产保险费率一般是由纯保险费率、附加费率和风险稳定系数三项构成；同时，要综合考虑保险责任、风险分布区域以及历年的森林保险经营情况；森林灾害发生的概率和强度的差异性等因素，科学合理厘定森林保险费率。纯费率可由保险额损失率和稳定系数决定，其中保险额损失率是一定时期保险赔款总额与总保险金额的比率。附加费率是保险企业经营保险业务的各项费用和利润与纯保险收入总额的比率（潘家坪，1999）。农业保险研究中，其费率主要包括纯费率、安全费率、营业费率和预定结余率（利润率）。对于森林保险而言，由于风险和损失随地域、林种、树种、林龄等因素的变化而变化，应实行级差费率。

　　（2）投保、核保与承保。投保和承保是林业生产者或政府与保险企业签定保险合同并交纳保费的过程。森林保险不同投保主体的支付能力、支付意愿、理性程度、风险偏好不同（冯祥锦、黄和亮等，2012）。保险企业的承保首先需要明确保险的标的、责任、保险金额和期限等基本要素。森林保险标的及其价值经森林经理核查后加以确定；森林保险的保险责任是指在保险期限内，森林灾害直接造成或施救间接造成的林木死亡及相关损失，保险人有按合同规定对保险标的进行赔偿的责任。保险金额的确定方法主要有：按林木的蓄积量确定、按成本价确定、按再植成本确定。我国目前的森林保险多采用再植成本的方法确定保险金额的（刘畅、曹玉昆，2005）。

（3）保险责任及损失的核定。森林保险责任认定是当发生森林灾害造成投保的林木损失时，按照保险合同规定，对保险企业应负的赔偿责任的认定。这需要林业专家和有专业资质的机构进行勘察，以森林保险的保费与承保情况为参照，以森林灾害和健康评价指标为基础，进行森林资源损失的具体核定（任德智、刘悦翠，2007）。以森林保险中的火灾险为例，保险林木遭受火灾后是否构成火灾责任，要确定该林木是否投保；查看烧毁面积是否达到合同规定面积，是否存在免赔责任情况；测度火灾对林木的碳化情况，确定受灾和成灾面积（或蓄积量）；对于部分不确定林地预留一定观察期以确认最终责任及损失情况。

（4）索赔与理赔。森林保险的索赔是指投保的林木遭受损失，按保险合同条款规定，林业生产者向保险企业要求赔偿的行为；理赔则是在投保者提出索赔要求后，根据森林保险合同，对灾害原因和损失情况进行调查并给予林业生产者损失赔偿。投保和损失情况是进行索赔和赔付的基础（孙祁祥，2009）。森林保险属于定值保险，在标的物实际价值明确的基础上，赔偿金额由保险金额和损失程度确定（张洪涛，1999）。赔付过程可具体分为赔付的数量和质量两方面，前者主要为具体和总体赔付情况，后者为赔付中的结构、比例。

（5）政府补贴与政策。我国森林保险财政补贴属专项资金补贴，按补贴类型不同分为：保险费补贴、经营主体管理费补贴、再保险补贴、税收优惠及其他。按补贴主体不同分为：中央财政补贴、地方（省、市、县等）财政补贴两大类（王珺、冷慧卿，2011）。相关经济、法律政策也分别由中央政府和各地地方政府出台。

（6）保险企业的经营盈亏核算。森林保险的盈亏是森林保险企业保费收入与森林保险业务开展成本之差。森林保险中保险企业的成本，按照会计制度和保险特点，主要分为业务开展中的经营费用支出和赔款金额支出。作为经营性企业，森林保险企业同样注重自身的盈利能力、经营能力及企业的整体经营状况，其中对于森林保险带来的企业利润、资金收益，产生的费用情况是统计的核心内容。具体分为森林保险业务经营的盈亏和企业整体盈亏两部分。

4.3.3　森林保险统计指标体系的初步设计

遵循森林保险统计指标体系的构建原则，依据森林保险业务基本流程和参与主体关系分析结果，从宏观和微观两个层次出发，围绕森林保险的三个参与主体，按照森林保险业务的各环节，区分基础指标和计算指标构建我国森林保险统计指标体系，基础指标主要用于描述和反映森林保险业务的总规模，计算指标则主要从结构、动态、效益等角度反映森林保险业务开展的成效和质量（表4-4）。

表4-4　我国森林保险统计指标的初步框架

层次	主体	环节	指标	
			基础指标	计算指标
宏观	政府部门	费率确定	林业生产者缴纳的保费总收入、保费总收入、保险赔款总额、总保险金额	费率（纯费率、安全费率、营业费率、预定费率）、稳定系数、级差费率、保费收入增长率
		补贴与政策	（各级）财政补贴总金额、保费补贴总金额（管理费、再保险、税费）、各地政府支持政策的数量	财政补贴年增长率、保费补贴占总保费的比例、保费补贴占财政总补贴的比例、各级财政补贴的比例
微观	保险企业	核保与承保	各类保险期限保单总数、（有效）承保总面积（总蓄积量、各林种数量、各林龄数量）、标的实际总价值（按林种、林龄划分）、（有效）保险总金额、保费总收入、保费补贴总金额、参保林农户次、参保企业数量	标的实际平均价值、保险金额增长率、林农参保率、参保农户增长率、承保总面积（总蓄积量、各林种数量、各树龄数量）增长率、森林保险覆盖率
		责任与损失核定	灾害次数、灾害发生面积、成灾面积、免赔总面积（总蓄积量）、灾后待查看总面积（总蓄积量）、其他直接经济损失、人员伤亡数量	灾害发生率、成灾率、免赔率、灾后残值、生态破坏的经济计量
		理赔	索赔总面积（总蓄积量、户次）、有效赔付总面积（总蓄积量、户次）、免赔总面积（总蓄积量）、年内已决赔案数量、赔款总支出金额、后期（待查看后）赔款支出金额	出险率、绝对免赔损失率、赔款金额总支出增长率、案均赔款金额
		盈亏核算	保费收入、利润总额、净资产、费用总额	净资产利润率、营业收入利润率、保费收入增长率、资金运用收益率、费用率、资金运用率
	林业生产者	投保	林业生产者缴纳的保费总金额、总保险金额、投保总面积（总蓄积量、各林种数量、各树龄数量）、投保标的实际总价值（按林种、林龄划分）	标的实际平均价值、保险金额增长率、投保面积（蓄积量）增长率、投保林地面积（蓄积量）占林地总面积（蓄积量）的比例、各林种（林龄）林地面积（蓄积量）占总投保面积（蓄积量）比例

（续）

层次	主体	环节	指标	
			基础指标	计算指标
微观	林业生产者	索赔	索赔总面积（总蓄积量）、有效赔付总面积（总蓄积量）、免赔总面积（总蓄积量）、收到赔款总金额、后期（待查看后）收到赔款金额	平均赔款金额（按投保面积、蓄积量计算）
		财政补贴	保费补贴总金额、其他财政补贴总金额	平均保费补贴金额（按面积、蓄积量计算）
		投保	林业生产者缴纳的保费总金额、总保险金额、投保总面积（总蓄积量、各林种数量、各树龄数量）、投保标的实际总价值（按林种、林龄划分）	标的实际平均价值、保险金额增长率、投保面积（蓄积量）增长率、投保林地面积（蓄积量）占林地总面积（蓄积量）的比例、各林种（林龄）林地面积（蓄积量）占总投保面积（蓄积量）比例

　　需要说明的是，我国林业生产面临的风险众多，各地需根据成灾特点和参保对象意愿，选择对本地林业生产影响较大的自然灾害设计险种。所以森林保险的险种也是多种多样的，而上述森林保险统计指标体系的基本框架中，没有区分不同的森林灾害种类和森林保险险种，为了反映森林保险的险种结构，可根据实际需要按灾害类型或险种设置具体的指标。

第 **5** 章

森林灾害和保险统计指标体系的测验与完善

在以上指标和指标体系初选的基础上，需要对指标体系进行完善化处理，科学性测验。具体主要运用德尔菲法，通过专家打分的方式进行指标的测度和指标体系的完善。

5.1 森林灾害和保险统计指标体系的测验

统计指标体系的测验不仅包括对单个指标的单体测验，还包括对指标体系中指标的重要性、必要性及完整性的整体测验。德尔菲法(专家咨询法)是对指标体系的测验和评价的有效方法。

5.1.1 德尔菲法

德尔菲法是在克服了专家会议法中专家之间互相讨论、具有横向联系基础上，征询各专家独立意见，经过几轮的反复征询之后，使得专家意见趋于一致性，获取相对客观信息、意见和建议的判断、决策、预测技术。在本研究中，主要利用德尔菲法对初建的指标和指标体系进行评价，对单个指标的标准性、指标体系的科学性进行评估，实现森林灾害和保险统计指标体系的测验和完善。德尔菲法的基本应用过程如图 5-1。

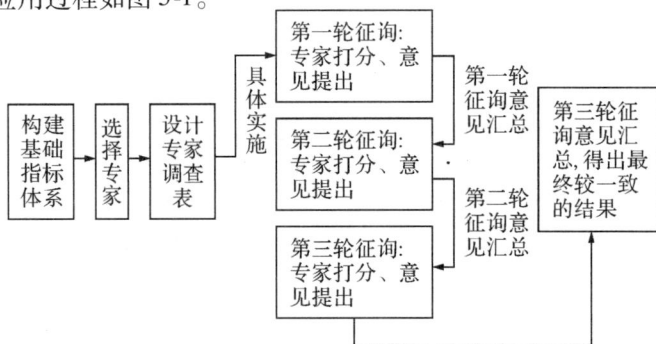

图 5-1 德尔菲法的运用过程

5.1.2　指标的测验方法

单个指标的测验内容包括：指标计算内容的有效性测验；指标计算方法的正确性测验；实际应用的可行性测验。有效性测验主要是检测指标是否包含了设计目标所要求的全部内容；正确性测验是对所含的指标合成方法、标志同质化方法和构权方法等的正确性的测度；可行性测验是对计算统计指标所需的原始数据和资料能否便利、高效、准确地获取的测度。单个指标的测验方法主要有：将指标应用于实践中加以评判的实践测验法，以及利用"关联性测验""方向性测验""关键点测验"为主的方法进行分析的逻辑测验法。

指标体系的测验和完善，与指标体系的构建原则相对应，主要包括重要性、必要性和完整性的测量。

测验一般需要以德尔菲法为基础，通过对专家评议结果进行统计分析得出结果，主要测度方式有对专家打分进行均值、方差及协调性的计算。

（1）均值。即各指标的得分均值，其计算公式为：

$$\widetilde{E}_i = \frac{1}{p}\sum_{j=1}^{5} E_j n_{ij} \tag{5-1}$$

式中：p——专家人数；

E_j——指标 i 第 j 级重要程度的量值，一般 $j=1$，2，3，4，5；

n_{ij}——认为第 i 个指标为第 j 级重要程度的专家人数。

（2）标准差。衡量专家打分意见的统一程度，其计算公式为：

$$\delta_i = \sqrt{\frac{1}{p-1}\sum_{j=1}^{5} n_{ij}\left(E_j - \widetilde{E}_i\right)^2} \tag{5-2}$$

式中：δ_i——第 i 个指标重要程度评价的分散程度。

（3）协调程度。主要用变异系数 V 和协调系数 K 表示：

$$V_i = \frac{\delta_i}{\widetilde{E}_i} K = \frac{12}{p^2(M^3 - M)}\sum_{i=1}^{M}\left(\widetilde{E}_i - \overline{E}\right)^2 \tag{5-3}$$

式中：V_i——专家对第 i 个指标评价的协调程度；

K——专家对一层指标整体评价的协调程度；

M——指标体系中的指标个数（各指标为：$x_1\cdots x_i\cdots x_j\cdots$）；

$\overline{E}$——全部指标集中程度的均值，$\overline{E} = \frac{1}{M}\sum_{i=1}^{M}\widetilde{E}_i$。

5.1.3　专家征询过程

对初步构建的森林灾害和保险统计指标体系进行测验，本研究通过设计专家咨询表，邀请了包括统计学、金融学、森林经理学在内的 12 位专家进行打分和评定。本次专家咨询分为三轮进行，每一轮结束后，都会对上一轮中各位专家所提出的意见进行汇总，作为下一轮的征询问题；同时也把每轮中的具体指标和指标体系的打分情况录入数据系统，便于之后进行数据分析。

5.1.3.1　第一轮征询

经过第一轮征询，各位专家在对指标和指标体系进行打分的基础上，提出了以下几类主要意见：

（1）森林灾害统计指标体系中的环节部分划分过于细致，导致一部分指标的重复，部分环节可合并，减少指标重复性。

（2）目前森林保险中很少利用"总蓄积量"进行计算和评价，建议去除。

（3）具体指标设计中存在可操作性不强的问题，部分指标内容脱离实际，没有价值，需要对其进行规范、删除。

（4）对于部分总指标需要进行分层设计，明确其包含的各子指标，如对"灾害预防总投入"这样的指标要进行分层，表示其中包含的各类子指标"防灾宣传投入""防灾设备药品添置投入"等。

（5）整个指标体系过于复杂、冗长，没有重点和突出性，同时对于不同森林灾害类型的统计指标需要有一定区分度。

5.1.3.2　第二轮征询

通过对第一轮征询意见的汇总和分析，对原有统计指标体系进行了修改，包括：删除了其中具有重复性的指标，规范了部分指标的命名，对一些总体指标进行了分层，同时为了使得整个指标体系重点突出，在打分表中对不同灾害的相同指标进行区分。

经过第二轮征询，各位专家在打分的基础上，提出了以下几类主要意见：

（1）对部分区分过于细致的指标进行合并，因为不利于实际数据收集；同时对于部分不易理解或容易产生歧义的指标进行解释，方便打分。

（2）灾损评定中的生态环境资源损失统计指标由于很难衡量，目前的可操作性不强，可以考虑去除。

（3）考虑灾害预防和救灾是否可以合并为灾防。

（4）最后的灾情基本统计是否可以去除，很多指标与之前管理阶段的指标存在重复。

（5）删除森林保险统计指标中林业生产者主体的"林业收益核算"层。

5.1.3.3　第三轮征询

对于第二轮征询产生的诸类意见，对指标体系部分进行了修改。其中的第 3 条和第 4 条建议没有采纳，理由如下：

(1)灾害预防和救灾减灾属于不同的灾害管理阶段，所涉及的投入和产出效果也存在差别，为了更完善地表现森林灾害发生发展和灾害管理的过程，不予以合并。

(2)最后的灾情基本统计分析，虽与之前不同阶段少部分内容有所重复，但该部分统计是对整个灾害发生过程和管理过程的整体描述和分析，有助于灾害事件和管理的总结并发现规律，所以不予以删除。

第三轮征询后，专家达成了较为一致的意见，除指出需要对部分指标的具体命名进行规范外，没有再提出其他的重大修改意见。所以对于建立统计指标体系基本形成了最终的构建版本。

5.1.3.4　主要争论点

(1)森林灾害统计指标体系中的监测部分，针对三类灾害类型，气象指标中的"平均温度、平均降水量、相对湿度"是否具有监测意义，是否需要去除。

在单独打分中，多数专家对这三个指标的分数评定以 5 分为主，认为在针对性的灾害监测中重要性一般。但是考虑到森林灾害监测的目的是对所有影响因素的综合分析基础上评估灾害发生的可能性，这三项指标对森林灾害都存在一定影响，现实监测中也会运用，所以予以了保留。

(2)森林灾害和森林保险中都包含灾损评定，其中的生态环境损失一项是否应该去除。由于目前对生态环境损失计量的研究仍在不断发展中，方法未成熟，多用于研究评估；同时实际操作中，灾害发生量大，评估难度高，专业人员缺乏，没有很强的实际可操作能力。据此，多数专家认为该部分具有重要意义，但目前的实际操作性不强，可暂时予以删除。

5.1.4　森林灾害和保险统计指标体系的测验结果

通过三轮德尔菲法，即专家咨询法对初步构建的统计指标体系进行了意见征询。在评估的基础上，对各指标层的指标进行了净化和过滤。对统计指标体系的整体层次划分、指标设置等进行了意见汇总，对其实行了改进和完善。

由于本研究中所设计的森林灾害与保险统计指标体系是一个基础统计指标体系，在实践中需要根据实际需求选取指标和指标层进行数据收集。所以统计指标层次和具体指标数量较多，而权数大小与指标个数密切相关，这里就不再计算各指标权重。主要根据专家的修改意见和打分情况对最终确定的指标体系具体指标进行简单的重要性测度。

5.1.4.1 森林灾害统计指标体系的指标测验

(1)森林火灾统计指标体系的指标测验。通过对专家打分数据进行分析，计算出每指标的均值和标准差，查看单个指标的重要程度(表5-1)。

表5-1 森林火灾统计指标测验结果

指标	均值	标准差	指标	均值	标准差
平均温度	5.4	0.71	及时救助安置人员数量	7.2	0.40
平均降水量	7.2	0.40	减少直接经济损失价值量	7.4	0.71
相对湿度	7.2	0.40	清理受害林木数量	6.6	0.71
风向风力	7.2	0.40	林木受害株率	6.8	0.40
可燃物类型	8.6	0.71	林木死亡株率	6.6	0.71
总可燃物载量	7.4	0.71	林木灾损总面积	7.4	0.71
可燃物含水率	6.6	0.71	林木灾损价值量	7.4	0.71
火源点数量	7.2	0.40	林副产品损失价值量	7.2	0.40
防火林带长度	8.6	0.71	受灾人数	7	0.00
林区交通网长度	6.8	0.40	伤亡失踪人数	7.4	0.71
通信覆盖率	7.4	0.71	救灾工具设备损失量	6.4	0.93
林区水网密度	7.4	0.71	居民财产损失价值量	7.2	0.40
各级救火队伍规模	7.2	0.40	防灾设施损失价值量	6.2	1.07
森林防火工作站数量	6.6	0.71	农牧业生产损失价值量	7.2	0.40
灾防物资仓库数量	6.8	0.40	森林火灾保险赔偿金总额	7.4	0.71
火灾保险投保比例	8.6	0.71	灾后营林抚育管理费用	7.2	0.40
保费财政补贴率	6.8	0.40	医疗抚恤支出总费用	6.8	0.40
火灾预防财政投入总金额	7.4	0.71	专项基金补偿投入	7	0.00
灾防工程投资金额	7.4	0.71	次生灾害发生数量	6.6	0.71
灾防设备药品添置投入	7.2	0.40	更新造林数量	7.2	0.40
灾防技术科研投入	6.6	0.71	更新林林木成活率	7	0.00
人为森林火灾比率下降度	7.2	0.40	灾害波及范围	7.4	0.71
火灾发生减少量	7.4	0.71	火强度	7.2	0.40
成灾率下降度	6.8	0.40	灾害蔓延速度	7	0.00
医疗卫生资源投入价值量	6.8	0.40	灾害发生时间	6.6	0.71
救灾工具设备投入数量	6.8	0.40	灾害持续时间	7.2	0.40
救灾人员数量	6.6	0.71	灾害发生原因	7.4	0.71
救灾耗时	7.2	0.40	过火面积	7.4	0.71
各类社会救灾捐款总金额	6.6	0.71	受灾率	6.6	0.71
各类救灾财政拨款总金额	6.6	0.71	受灾程度	6.8	0.40

　　从表 5-1 我们可以看出所设计的森林灾害统计指标体系中每个单个指标的集中程度值都大于 5，即大于一般重要等级；离散程度值大部分均小于等于 0.71，由于专家数量有限，在这里表明专家对各具体指标打分意见较为一致。

　　(2)森林病虫鼠害统计指标体系的指标测验。森林病虫鼠害统计指标体系的专家打分人数较森林火灾指标体系多了 2 人，所以数值会有所不同。同样从单个指标测验均值和标准差进行基本测验(表 5-2)。

表 5-2　森林病虫鼠害统计指标测验结果

指标	均值	标准差	指标	均值	标准差
平均温度	5.33	0.61	各类救灾财政拨款总金额	6.67	0.61
平均降水量	5.33	0.61	减少直接经济损失价值量	6.67	0.61
越冬期温度	7.33	0.61	清理病虫死木株数	7.33	0.61
有害生物种类	7.00	0.00	林木受害株率	7.33	0.61
有害生物本期累积量	7.33	0.61	林木死亡株率	7.00	0.00
有病虫株率	7.17	0.33	林木灾损总面积	6.67	0.61
虫口密度	6.67	0.61	林木灾损价值量	7.17	0.33
虫态	5.50	0.82	转移安置人数	7.17	0.33
鼠类捕获率	6.83	0.33	救灾工具设备损失量	6.83	0.33
林区交通网长度	6.67	0.61	农牧业生产损失价值量	6.67	0.61
通信覆盖率	7.00	0.00	病虫鼠害灾保险赔偿金总额	7.33	0.61
森防检疫标准站数量	6.67	0.61	灾后营林抚育管理费用	7.17	0.33
灾防物资仓库数量	7.00	0.00	专项基金补偿投入	7.00	0.00
病虫鼠害保险投保比例	7.33	0.61	次生灾害发生数量	6.67	0.61
保费财政补贴率	7.33	0.61	更新造林数量	7.33	0.61
病虫鼠害预防财政投入总金额	7.00	0.00	更新林林木成活率	7.00	0.00
灾防设备药品添置投入	7.00	0.00	林区生产恢复率	7.33	0.61
灾防专业人员培训投入	6.50	0.82	灾害波及范围	6.83	0.33
灾防技术科研投入	7.00	0.00	当期病虫鼠密度	7.00	0.00
病虫鼠害发生减少量	6.67	0.61	灾害蔓延速度	6.50	0.82
成灾率下降度	8.67	0.61	灾害发生时间	6.67	0.61
救灾工具设备投入数量	7.17	0.33	灾害持续时间	6.83	0.33
救灾人员数量	6.67	0.61	灾害发生原因	7.33	0.61
救灾耗时	5.50	0.82	受灾率	7.17	0.33
各类社会救灾捐款总金额	6.83	0.33	受灾程度	6.67	0.61

　　表 5-2 均值都大于 5.5 可以看出，最终确定的森林病虫害指标体系的基本指标都比较重要；同时标准差值都较小，说明各专家对指标的意见度比较统一。

（3）森林气象灾害统计指标体系的指标测验。单个指标测验的基本结果见表5-3。

表5-3　森林气象灾害统计指标测验结果

指标	均值	标准差	指标	均值	标准差
平均温度	6.67	0.61	林木灾损总面积	7.33	0.61
平均降水量	7.00	0.73	林木灾损价值量	8.50	0.82
霜冻/降雪日数	7.33	0.61	林副产品损失价值量	7.17	0.33
风向风力	6.67	0.61	受灾人数	7.00	0.00
累计降雨/雪量	7.33	0.61	伤亡失踪人数	7.33	0.61
林区交通网长度	6.67	0.61	救灾工具设备损失量	5.50	0.82
通信覆盖率	7.33	0.61	居民财产损失价值量	7.33	0.61
各级救火队伍规模	6.50	0.82	农牧业生产损失价值量	7.33	0.61
灾防物资仓库数量	7.00	0.00	气象灾害保险赔偿金总额	7.17	0.33
气象灾害保险投保比例	7.00	0.73	灾后营林抚育管理费用	7.00	0.00
保费财政补贴率	7.33	0.61	专项基金补偿投入	5.50	0.82
灾防设备添置投入	6.50	0.82	次生灾害发生数量	7.33	0.61
灾防专业人员培训投入	6.67	0.61	更新造林数量	7.00	0.00
灾防技术科研投入	6.67	0.61	更新林林木成活率	7.17	0.33
灾害预报准确率提升度	6.67	0.61	林区生产恢复率	6.50	0.82
火灾发生减少量	7.17	0.33	灾害波及范围	7.33	0.61
成灾率下降度	7.00	0.00	河面冰冻厚度	7.17	0.33
救灾工具设备投入数量	7.00	0.00	积雪厚度	5.50	0.82
救灾人员数量	6.67	0.61	积雪覆盖面积	5.33	0.61
救灾耗时	7.00	0.00	台风中心风力等级	6.83	0.33
各类社会救灾捐款总金额	5.50	0.82	灾害发生时间	6.67	0.61
各类救灾财政拨款总金额	6.67	0.61	灾害持续时间	6.67	0.61
及时救助安置人员数量	7.17	0.33	灾害发生原因	7.00	0.00
减少直接经济损失价值量	7.00	0.00	过火面积	7.00	0.00
清理受害林木数量	7.33	0.61	受灾率	6.67	0.61
林木受害株率	7.00	0.00	受灾程度	6.67	0.61
林木死亡株率	6.83	0.33			

森林气象灾害统计指标体系中的各指标均值均大于5，标准差值也比较小，基本都小于0.8。说明各具体指标的重要性程度比较高，同时专家对各指标的打分较为一致，意见较为统一。

5.1.4.2　森林保险统计指标体系的指标测验结果

对于森林保险统计指标体系，由于其计算指标是在依据基础指标计算得到，所以这里主要是针对基础指标，通过计算其得分的均值和标准差进行测验（表 5-4）。

表 5-4　森林保险统计指标测验结果

指标	均值	标准差	指标	·均值	标准差
林业生产者缴纳保费额	7.22	0.44	灾害次数	7.22	0.44
企业保费收入	7.22	0.44	成灾面积	7.44	0.78
保险赔款总额	7.22	0.44	免赔面积	7.22	0.44
总保险金额	7.00	0.00	灾后待查看面积	7.44	0.78
基本费率	7.44	0.78	人员伤亡数量	6.78	0.44
级差费率	7.22	0.44	索赔面积	7.22	0.44
各级财政补贴金额	7.22	0.44	有效赔付面积	7.22	0.44
保费补贴金额	7.44	0.78	年内已决赔案数量	7.22	0.44
政策出台量	6.78	0.44	赔付支出金额	7.22	0.44
保单数量	6.78	0.44	后期赔款支出金额	8.56	0.78
承保面积	7.44	0.78	利润总额	7.00	0.00
标的实际总价值	7.22	0.44	净资产	5.22	0.44
承保林农户次	7.22	0.44	费用总额	7.44	0.78
参保企业数量	7.00	0.00			

森林保险指标体系中单个指标的打分均值基本都高于 6，同时标准差值也很小，最小的低至 0。可以看出，最终确定的指标体系中各指标值重要性程度较高，同时各专家对于具体指标的意见较为统一。

5.2　森林灾害和保险统计指标体系的确定

前述内容中，运用德尔菲法对初步构建的指标体系进行了以下处理：删除一部分不必要指标，规范了具体指标命名，对部分总体指标进行了分层处理，注重指标内容的可操作性，最后确定了森林灾害和保险统计指标体系的指标构成。以下分别对森林灾害统计指标体系和森林保险统计指标体系的最终框架进行确定。

5.2.1　森林灾害统计指标体系的确定

5.2.1.1　森林灾害统计指标体系的确定

森林灾害统计指标体系按照森林火灾、森林病虫鼠害和森林气象灾害分为三个指标体系，其中有重合共用的部分，也有各具特色的内容。

（1）森林火灾统计指标体系，见表 5-5。

表 5-5　森林火灾统计指标体系

灾害期	环节	子指标体系	具体指标
灾前	灾害监测	气象指标	平均温度、平均降水量、相对湿度、风向风力
		直接致灾因子指标	可燃物类型、总可燃物载量、可燃物含水率、火源点数量
	灾害预防	建设指标	防火林带长度/总面积、林区交通道路长度/密度、通信覆盖率、林区水网密度/面积、各级救火队伍规模、森林防火工作站数量、灾防物资仓库数量/密度
		投入指标	森林火灾保险投保比例、森林火灾保险保费财政补贴率、森林火灾预防财政投入总金额（其中：灾防工程投资、灾防设备添置投入、灾防专业人员培训投入、灾防技术科研投入）
		效果指标	人为造成森林火灾比率（下降度）、火灾发生数量（减少量）、成灾率（下降度）
灾中	减灾救灾	投入指标	医疗卫生资源投入价值量、救灾材料工具装备投入数量、救灾人员数量、救灾耗时、各类社会救灾捐款总金额、各级救灾财政拨款总金额
		效果指标	及时救助安置人员数量、减少直接经济损失价值量、清理受害林木数量/蓄积量
	灾损评定	林木资源损失指标	林木受害株率（其中：林木死亡株率）、林木灾损总面积/蓄积量、林木灾损价值量、林副产品损失价值量
		生活生产损失指标	受灾总人数（其中：伤亡失踪人数）、直接经济损失总量（其中：救灾工具设备损失量、居民财产损失价值量、防灾设施损失价值量、农牧业生产损失价值量）
灾后	灾害恢复	投入指标	森林火灾保险赔偿金总额、各级财政拨款总金额（其中：灾后营林抚育管理费用、医疗抚恤支出总费用、专项基金补偿投入）、各类社会捐助总金额
		效果指标	各类次生灾害发生数量、更新造林株数/面积、更新林林木成活率、林区生产恢复率
	灾情基本统计	灾害行为指标	灾害波及范围（地区及数量）、火强度、火灾蔓延速度
		灾情描述指标	灾害发生时间、灾害持续时间、灾害发生原因、过火面积、受灾率、成灾率、受灾程度/等级

（2）森林病虫鼠害统计指标体系，见表 5-6。

表 5-6　森林病虫鼠害统计指标体系

灾害期	环节	子指标体系	具体指标
灾前	灾害监测	气象指标	平均温度、平均降水量、越冬期温度
		直接致灾因子指标	有害生物种类、有害生物本期累计数量、有病虫株率、虫口密度、虫态、鼠类捕获率
	灾害预防	建设指标	林区交通道路长度/密度、通信覆盖率、森防检疫标准站数量、灾防物资仓库数量/密度
		投入指标	森林病虫鼠害保险投保比例、森林病虫鼠害保险保费财政补贴率、森林病虫鼠害预防财政投入总金额(其中:灾防设备药品添置投入、灾防专业人员培训投入、灾防技术科研投入)
		效果指标	虫源基数(减少量)、鼠类密度(下降程度)、病虫鼠害发生数量(减少量)、成灾率(下降度)、防治面积
灾中	减灾救灾	投入指标	救灾材料工具装备投入、救灾人员数量、救灾耗时、各类社会救灾捐款总金额、各级救灾财政拨款总金额
		效果指标	减少直接经济损失价值量、清除病虫死木株数/面积、有效救治林木株数/面积
	灾损评定	林木资源损失指标	林木受害株率(其中:林木死亡株率)、林木灾损总面积/蓄积量、林木灾损价值量
		生活生产损失指标	转移安置人数、直接经济损失总量(其中:救灾工具设备损失量、农牧业生产损失价值量)
灾后	灾害恢复	投入指标	森林病虫鼠害保险赔偿金总额、各级财政拨款总金额(其中:灾后营林抚育管理费用、专项基金补偿投入)
		效果指标	各类次生灾害发生数量、更造林株数/面积、更新林木成活率、林区生产恢复率
	灾情基本统计	灾害行为指标	灾害波及范围(地区及数量)、当期病虫鼠密度
		灾情描述指标	灾害发生时间、灾害持续时间、灾害发生原因、受灾率、成灾率、受灾程度/等级

（3）森林气象灾害统计指标体系，见表5-7。

表 5-7　森林气象灾害统计指标体系

灾害期	环节	子指标体系	具体指标
灾前	灾害监测	气象指标	平均温度、平均降水量、累计霜冻/降雪日数、累计降雨/雪量、风向风力
	灾害预防	建设指标	林区交通道路长度/密度、通信覆盖率、各级灾防队伍规模、灾防物资仓库数量/密度
		投入指标	森林气象灾害保险投保比例、森林气象灾害保险保费财政补贴率、森林气象灾害预防财政投入总金额(其中:灾防设备药品添置投入、灾防专业人员培训投入、灾防技术科研投入)

（续）

灾害期	环节	子指标体系	具体指标
灾中	灾害预防	效果指标	灾害预报准确率（提升度）、气象灾害发生数量（减少量）、成灾率（下降度）
	减灾救灾	投入指标	救灾材料工具装备投入、救灾人员数量、救灾耗时、各类社会救灾捐款总金额、各级救灾财政拨款总金额
		效果指标	及时救助安置人员数量、减少直接经济损失价值量、清理受害林木数量/蓄积量
	灾损评定	林木资源损失指标	林木受害株率（其中：林木死亡株率）、林木灾损价值量、林副产品损失价值量
		生活生产损失指标	受灾人数（其中：伤亡失踪人数）、直接经济损失总量（其中：救灾工具设备损失量、居民财产损失价值量、农牧业生产损失价值量）
灾后	灾害恢复	投入指标	森林病虫鼠害保险赔偿金总额、各级财政投入总金额（其中：灾后营林抚育管理费用、专项基金补偿投入）、各类社会捐助总金额
		效果指标	各类次生灾害发生数量、更新造林株数/面积、更新林林木成活率、林区生产恢复率
	灾情基本统计	灾害行为指标	灾害波及范围（地区及数量）、累计冰冻/霜冻日、河面冰冻厚度、积雪深度、积雪覆盖面积、台风中心风力等级、台风带来累计降水量
		灾情描述指标	灾害发生时间、灾害持续时间、灾害发生原因、受灾率、成灾率、受灾程度/等级

5.2.1.2　具体指标的解释和计算

森林灾害统计指标体系中，由于层次较多、结合紧密，主要是为了实际应用中可以根据实际情况选用所需指标和层次进行调查、分析，所以存在少部分指标的重复，在指标解释中则不再重复解释。所以这部分内容主要是对重要的基础指标和计算指标的解释。

5.2.1.2.1　灾害监测（A）

（1）气象指标（A1）：

①平均温度（A11）。指在一定时期内，对各次观测的气温值进行算术平均。按照时间长短不同，可分为：日平均气温、月平均气温、季度平均气温和年平均气温。日平均气温是在某日 24 小时内定期测量气温值，对其进行算术平均。月平均气温是指该月每日平均气温的算术平均值。年平均气温是指该年每日平均气温的算术平均值或者该年每月平均气温的算术平均值。

②平均降水量（A12）。按时间可分为：月平均降水量、季度平均降水量、年平均降水量等，按实际分析需要选择。日降水量是指每日一定时间区间内（12 小时或者 24 小时），通过雨量器测定的降水量总和，单位为毫米（mm）。月平均降

水量是指某地多月降水量总和除以月份数量得到的均值。同样的，年平均降水量是指某地多年降水量总和除以年数得到的均值。

③相对湿度(A13)。相对湿度(RH)是指空气中，水汽的分压与饱和蒸汽压的比值。可用以下公式计算：

$$RH = \frac{\rho_\omega}{\rho_{\omega,\max}} \times 100\% = \frac{e}{E} \times 100\% \qquad (5\text{-}4)$$

式中：RH——相对湿度；

　　　ρ_ω——绝对湿度(g/m^3)；

　　　$\rho_{\omega,\max}$——最高湿度(g/m^3)；

　　　e——蒸汽压(Pa)；

　　　E——饱和蒸汽压(Pa)。

④风向风力(A14)。风向是指风吹来的方向，风力指风的大小，风力等级由风对于地面物体的影响程度决定，一般分为12等级(0~12级)，由风速、海面浪高等指标组成。

⑤越冬期温度(A15)。指动植物在温度降低到一定程度时，自动进入到一种停止生长的时期。越冬期温度即为林木进入越冬期后总体温度的衡量，一般即为越冬期期间每日平均温度的算术平均值。

⑥累计霜冻/降雪日数(A16)。指在一定时期内(一个月/一年)，出现霜冻或降雪天气的天数总和。用于衡量可能出现冻害和雪灾的概率。

⑦累计降雨/雪量(A17)。指在一定时期内，通过测定，总降水量或总降雪量达到的总和，单位为毫米(mm)。

(2)直接致灾因子指标(A2)：

①可燃物类型(A21)。广义上可分为活可燃物和死可燃物两类，还包括细小可燃物。活可燃物主要有活立木、灌木、草本、青苔等；死可燃物主要有枯枝落叶、死亡的立木、灌木和草本及地表下的炭泥等。细小可燃物是直径小于1cm的可燃物。

②可燃物含水率(A22)。指在对野外所采集的可燃物样本在105℃下进行连续24小时烘干后，得到绝对干质量，进行称量得到干质量。通过设置不同时滞，可计算不同时滞可燃物含水率。

$$可燃物含水率 = \frac{可燃物湿质量 - 可燃物干质量}{可燃物干质量} \times 100\%$$

③火源点数量(A23)。指利用技术设备检测和护林人员的查看，所确定的极易发生火灾的区域点的数量。

④有害生物种类(A24)。指在一定区域内，易影响林木生长、引起森林灾害

并对森林造成损害的主要生物类型和数量。

⑤有害生物本期累积量(A25)。有害生物本期累积量是指通过样方检测的方式，计量在一定时期内，本地区特定有害生物种类的累积数量。

⑥有病虫株率(A26)。指有病虫害的林木株数占总林木的比重，主要是通过样株调查法，在样方内逐株调查，计算出有病虫株率。

$$有病虫株率 = \frac{有病虫株数}{调查株数} \times 100\%$$

⑦虫口密度(A27)。即虫情级，是指每平方米虫子的数量，也可以对每株林木进行计算。

$$虫口密度 = \frac{调查总虫数}{调查面积} \times 100\%$$

$$每株虫数 = \frac{调查总虫数}{调查株树} \times 100\%$$

⑧虫态(A28)。是指不同时期虫体的形态特征，用于衡量虫灾的潜在危险程度。一般来说，虫态可分为卵期/蛹期、幼虫期、成虫期等。

⑨鼠类捕获率(A29)。指每平方米捕获鼠类数量，通过在标准样地内布放鼠夹，一定周期后收回，调查所捕获鼠类数量。

$$捕获率 = \frac{捕获鼠数}{鼠夹数 \times 2} \times 100\%$$

或
$$捕获率 = \frac{捕获鼠数}{鼠夹数 \times 3} \times 100\%$$

式中：鼠夹数为实际收回的鼠夹数量。

5.2.1.2.2　灾害预防(B)

(1)建设指标(B1)：

①防火林带长度/总面积(B11)。指防火林带的总长度，单位为千米；防火林带总面积是指防火林带总长度与宽度的乘积，单位为平方米。

②林区交通道路长度/密度(B12)。指林区修建的可运输的道路(主要指公路，也包括铁路)的总长度，单位为千米；林区交通道路密度是指每平方千米区域内交通道路的长度。

③通信覆盖率(B13)。指林区通信信号覆盖面积占林区总面积的比率。

$$通信覆盖率 = \frac{通信信号覆盖面积}{林区总面积} \times 100\%$$

④林区水网密度(B14)。指林区河湖等水面面积占林区总面积的比率。

$$林区水网密度 = \frac{林区水面面积}{林区总面积} \times 100\%$$

⑤各级灾防队伍规模(B15)。指在森林火灾、病虫鼠害和气象灾害预防中，省、市、县、乡镇等各级专业队伍、半专业队伍的人员数量、组织规模。

⑥灾防物资仓库数量/密度(B16)。指一定区域内，为预防各类型森林灾害发生而建设的存放救灾减灾物资的仓库的数量；物资仓库密度是指每平方千米区域内所建设的物资仓库数量，或者可以表示为一个县市级别范围内物资仓库的数量。

⑦森林防火工作站/森防检疫标准站数量(B17)。指一定区域内(林区或者一定行政单位区域内)建立的森林防火工作站或森防检疫标准站的数量。

(2)投入指标(B2)：

①森林灾害保险投保比例(B21)。指一定区域内，投保各类森林灾害保险的森林面积所占森林总面积的比例；或者可表示为投保各类森林灾害保险的林业生产者占所有林业生产者总数的比率。

②森林灾害保险保费补贴率(B22)。指对于不同灾害类型的森林保险，政府财政补贴额占保费总额的比率。

$$保费补贴率 = \frac{财政补贴金额}{保费额} \times 100\%$$

③灾防财政投入金额(B23)。是指为预防各类森林灾害，政府投入财政资金进行建设、宣传、人员培训管理、添置设备等的所有支出总金额。

④灾防工程投资(B24)。指政府进行灾害预防过程中，建设具有稳定性、长期性的灾防工程的资金投入总额。如火灾中的防火林带、瞭望台、物资仓库建设。灾防工程建设不一定每年都会有，年投入可能为零。

⑤灾防设备药品添置投入(B25)。指用于灾害预防的药品、工具和设备类购买支出金额，可以每年一统计。

⑥灾防专业人员培训投入(B26)。指为提高灾防人员素质和技能，对专业灾防人员进行培养而投入的培训、管理金额。

⑦灾防技术科研投入(B27)。指为提高灾害防治能力而投入的资金金额，主要用于灾防科学研究，从而提高灾防的技术水平。

(3)效果指标(B3)：

①人为森林火灾比率(下降程度)(B31)。指一定区域和时间内，人为因素引起的森林火灾数量占所发生森林火灾总数的比重与相同区域、其他时期相比下降的比率。

②灾害发生数量(减少量)(B32)。指某类型灾害在一定区域和时间内发生次数与同一区域、不同时期相比减少的数量。

③成灾率(减少量)(B33)。是指一定区域发生森林灾害并造成林木损失的森林面积占森林总面积的比率。

$$成灾率 = \frac{发生损失森林面积}{森林总面积} \times 100\%$$

④防治面积(B34)。指一定区域内对森林病虫害进行检验检疫并采取生态、生物、物理、化学等防治措施后,成功防治的森林总面积。

⑤灾害预报准确率(提升度)(B35)。是指通过对森林灾害监测数据的分析,作出灾害预报,准确预报的次数占预报总次数的比重的提升程度。

5.2.1.2.3　减灾救灾(C)

(1)投入指标(C1)

①医疗卫生资源投入价值量(C11)。指在针对森林灾害发生造成的人员伤亡和森林灾害救助中造成的救援伤亡,投入医疗卫生人员、医疗卫生用品等人力物力的价值量。

②救灾工具装备投入数量(C12)。指进行不同类型灾害救援中投入的救灾材料、工具、机械设备等的数量的总和,在具体统计中可以分类进行数量汇总。

③救灾人员数量(C13)。指参与森林灾害救援的人员数量,广义上包括直接救援人员、指挥救灾人员、后勤服务人员等,狭义上主要是指直接参与救灾的人员数量。

④救灾耗时(C14)。指进行森林灾害救援所耗费的时间天数,以"工日数"为计量单位。

⑤各类社会救灾捐款总金额(C15)。指灾害发生地所收到的主要用于森林灾害救援的社会各界的捐助总金额,包括资金、设备、物资等的总金额。

⑥各类救灾财政拨款总金额(C16)。指为加快森林灾害救援,各级政府财政拨款用于投入救灾工作的金额总数,包括以政府为主导的各级财政和设备、物资折算的投入金额。

(2)效果指标(C2):

①及时救助安置人员数量(C21)。指在森林灾害救援过程中,及时地对灾害发生地人员进行救援和重新安置,使其免受灾害伤害的人员总数。

②减少直接经济损失价值量(C22)。指通过森林灾害救援,及时抢救的免受灾害侵袭的林木,免受损失的居民财产和损失降到最低的工农业生产的经济价值量。

③清理受害林木数量(C23)。指对一定区域内受害林木进行清理,所清理的林木数量。各类森林灾害的清理林木数量都主要以株数和材积计算。

5.2.1.2.4　灾损评估(D)

(1)林木资源损失指标(D1):

①林木受害株率(D11)。林木受害株率和死亡株率都是通过划定样方进行株

样调查的方式获取的数据。

$$受害株率 = \frac{受害株数}{调查株数} \times 100\%$$

（注：受害株数包括死亡株数）

②林木死亡株率（D12）。指死亡株数占调查株数的比例。

$$死亡株率 = \frac{死亡株数}{调查株数} \times 100\%$$

③林木灾损总面积/蓄积量（D13）。指森林灾害造成的林木发生损失的总面积，该指标可以从宏观上了解森林灾害对地区林木造成的损失程度。

④林木灾损价值量（D14）。指森林灾害造成林木损失后，受损林木总量按市场价格计算得到的损失价值，严格意义上还需要减去残值。同时，目前对于林木价值量的科学计算还在不断发展，森林保险赔偿中主要是保险公司对其价值进行的评定。

林木灾损价值量 = 受损林木数量 × 每株林木平均市场价格 - 灾后残值

（2）生活生产损失指标（D2）：

①受灾人数（D21）。指由于森林灾害的发生造成的一定区域内，人们生产生活不能正常进行，甚至造成生命威胁、财产损失，这样的情况所波及的所有人员的总数。

②伤亡失踪人数（D22）。指一定区域内，由于森林灾害的发生而造成的人员受伤、死亡和失踪的总数。该指标可以衡量森林灾害的灾害规模和灾损程度。

③转移安置人数（D23）。指由于森林灾害造成原有的居住区域不再安全，为了居民生命安全，减少伤亡，救援人员对危险地带居民进行转移的总人数。

④救灾工具设备损失量（D24）。指在灾害救援过程中损失的主要救灾工具、设备的数量；进一步也可以计算其经济损失量，即损失工具设备的经济价值。

⑤居民财产损失价值量（D25）。指在森林灾害中包括居民住房、生产资料工具、现金等损失按市场价格计算得到的价值总量。

⑥防灾设施损失价值量（D26）。指防灾设施遭到破坏的经济损失计量，衡量建立的防灾设施在灾害中损失程度。

防灾设施损失价值量 = 设施建造投入金额 - 折旧 - 灾损残值

⑦农牧业生产损失价值量（D27）。指森林灾害造成的区域内农业和牧业损失的经济计量。

农牧业生产损失价值量 = 农业生产损失价值量 + 牧业生产损失价值量
= 农业损失面积 × 每亩作物平均市场价格
+ 牧业损失数量 × 每头平均市场价格

⑧直接经济损失总量（D28）。指对森林灾害作用的直接后果造成的损失进行的经济计量。

单位面积的直接经济损失为：

$$M = \sum_{i=1}^{10} m_i / S \qquad (5\text{-}5)$$

式中：m_i——i 从 1, 10 分别表示立木资源损失、幼林龄损失、经济林损失、竹林损失、木材及木制品损失、其他林木资源损失、林副产品和农牧产品损失、流动资产损失、固定资产损失和防火费用支出；

　　　　S——灾害受灾林地面积。

5.2.1.2.5　灾后恢复（E）

（1）投入指标（E1）：

①森林灾害保险赔偿金总额（E11）。指森林灾害发生后森林保险公司对投保森林进行赔付，所指出的赔偿金总数。不同承保方式赔款金额不同。

a. 按成本保险的赔款

$$赔款金额 = 受灾面积 \times 每亩保额 \times \frac{灾前标的估价 \times 受灾面积 - 灾后残值}{灾前标的估价}$$

b. 按造林成本保险的赔款

$$赔款金额 = 每亩保险金额 \times \frac{样本地烧毁株数}{样本地林木株数} \times 火烧地赔偿面积$$

②灾后营林抚育管理费用（E12）。森林抚育管理费用包括直接费用和间接费用。直接费用是指用于间伐、修枝、除草、割灌、采伐剩余物清理运输、简易作业道路修建等中幼林抚育生产作业的劳务用工和机械燃油费用等；间接费用是指用于中幼林抚育作业设计、检查验收、档案管理、成效监测等方面的费用。

③医疗抚恤支出总费用（E13）。指森林灾害后对于灾害发生和救灾过程中受伤人员进行医疗救助，对死亡人员进行抚恤赔偿等的费用支出金额。

④专项基金补偿投入（E14）。指国家针对各类森林灾害设立的专项基金，在森林资源遭到破坏后用于灾后生态环境补偿的投入金额。如国家和各省市设立的森林生态效益补偿基金。

（2）效果指标（E2）：

①次生灾害发生数量（E21）。指一类型森林灾害发生后，由于引发了生态环境的巨大变化，而容易引起的其他森林灾害链式爆发的数量。次生灾害包括森林火灾、病虫鼠害、林地塌方、道路淤塞等。

②更新造林株数/面积（E22）。指对受害受损林地进行林木重植，该区域内重植林木株数或重植林木的林地总面积。

③更新林林木成活率(E23)。指进行林木重植更新后，成活的林木数量占林木总数的比率。

$$更新林林木成活率 = \frac{成活的林木数量}{林木总数} \times 100\%$$

5.2.1.2.6　灾情基本统计(G)

(1)灾害行为指标(G1)：

①灾害波及范围(G11)。指森林灾害的发生波及的区域和范围，该区域和范围可以直接以行政单位表示，也可以以具体面积表示。

②林火强度(G12)。

$$林火强度(kW/m) = 3 \times (10h)^2$$

式中：h——火焰高度(m)。

一般将火强度分为三个等级：

低强度：750kW/m 以下；

中强度：750~3500kW/m；

高强度：>3500kW/m。

③灾害蔓延速度(G13)。

$$V = S/t$$

式中：V——蔓延速度(m^2/min)；

S——受灾面积(m^2)；

t——蔓延时间(min)。

④台风中心风力等级(G14)。指热带气旋台风中心位置的风力等级数，可参考中国气象局的风力评判标准。台风中心风力等级越大，对森林资源的破坏力度越强。

(2)灾情描述统计(G2)：

①灾害持续时间(G21)。指从森林灾害发生到森林灾害结束这段时间的持续期。不仅可以衡量灾害的破坏力，也可以衡量救灾难度和进度。

②受灾率(G22)。指受到森林灾害侵袭的林木数量或面积占林木总量或总面积的比率。受灾包括了受害，受灾率一般大于等于成灾率。

③受灾程度/等级(G23)。指森林灾害造成的损失程度，我国目前对各类森林灾害等级由明确的划分。

a. 森林火灾。《森林防火条例》中根据受害森林面积的大小，将其分为如下四个等级：一般森林火灾，受害森林面积不足 $1hm^2$ 或者其他林地起火的，或者死亡 1 人以上 3 人以下，或者重伤 1 人以上 10 人以下的；较大森林火灾，受害森林面积在 $1hm^2$ 以上不足 $100hm^2$ 的，或者死亡 3 人以上 10 人以下的，或者重伤 10 人以上 50 人以下的；重大森林火灾，受害面积在 100hm^2 以上不足 1000hm^2 的，或者死亡 10 人以上 30 人以下的，或者重伤 50 人以上 100 人以下的；特大森林火灾，受害森林面积在以 1000hm^2 以上的，或者死亡 30 人以上的，或者重伤 100 人以上的。

　　b. 森林病虫鼠害。轻度发生区：林木受害株率 3% ~ 10%；中度发生区：林木受害株率 11% ~ 20%；重度发生区：林木受害株率 21% 以上。

　　c. 森林气象灾害。轻度受灾林分：指重度受害林木占林木总株数 10% 以下，或者中、重度受害林木合计占林木总株数 30% 以下的受灾林分；中度受灾林分：指重度受害林木占林木总株数 11% ~ 59%，或者中度受害林木占林木总株数 30% 以上的受灾林分；重度受灾林分：指重度受害林木占林木总株数 60% 以上的受灾林分。

　　其中：

　　轻度受害林木：指主干弯斜、冻梢、断枝等，但仍能正常生长的受害林木。

　　中度受害林木：指主干冻裂、断梢（有枝）、树冠严重受损等，但仍能存活的受害林木。

　　重度受害林木：指主干劈裂、冻死、翻蔸、倒伏、折干、无树冠等没有存活希望的受害林木。

　　④过火面积（G24）。指无论林木的损毁程度如何，凡是被火烧过的林木面积都计入过火面积。

5.2.2　森林保险统计指标体系的确定

　　上述森林保险统计指标体系框架是通过德尔菲法和基本测验进行了调整后最终确定的。需要说明的是，所设计的指标体系是否科学合理，最终还需在实践运用中进行检验和进一步完善。

5.2.2.1　森林保险统计指标体系的最终确定

5.2.2.2　具体指标的解释和计算

　　森林保险统计指标体系中，针对森林灾害统计指标体系中已经有过解释的指标不再重复解释；同时由于计算指标中很多是以基础指标进行计算得到的，对这部分基础指标会在相关计算指标中予以解释，所以不再重复解释。本部分主要针对专业性较强的基础指标和计算指标进行解释和计算（表 5-8）。

表5-8　构建的森林保险统计指标体系

层次	主体	环节	指标	
			基础指标	计算指标
宏观	政府部门	费率确定	企业保费收入（其中：林业生产者缴纳保费额）、保险赔款总额、总保险金额	基本费率（其中：纯费率、附加费率）、级差费率
		补贴与政策	各级财政补贴总金额（其中：保费补贴总金额包含①管理费；②再保险；③税费）、森林保险政策年出台数量	财政补贴年增长率、保费财政补贴率、各级财政补贴比例
微观	保险企业	核保与承保	保单数量、有效承保总面积、标的实际总价值、有效保险总金额、企业总保费收入（其中：保费补贴总金额）、承保林农户次、参保企业数量	保险金额增长率、参保率、参保农户增长率、承保面积增长率、森林保险覆盖率
		责任与损失核定	灾害次数、灾害发生面积（其中：成灾面积、免赔总面积）、灾后待查看总面积、人员伤亡数量	灾害发生率、成灾率、免赔率、灾后残值计量、其他直接经济损失价值量
		理赔	索赔总面积/总户次（其中：有效赔付总面积/总户次、免赔总面积）、年内已决赔案数量、赔款总支出金额［其中：后期（待查看后）赔款支出金额］	出险率、绝对免赔损失率、赔款金额总支出增长率、案均赔款金额
		盈亏核算	总保费收入、赔款总支出金额、利润总额、净资产、费用总额	净资产利润率、营业收入利润率、保费收入增长率、总资产收益率、费用率
	林业生产者	投保	林业生产者缴纳的总保费额、总保险金额、投保总面积、投保标的实际总价值	保险金额增长率、投保面积增长率、林地投保率、投保结构
		索赔	索赔总面积（其中：有效赔付总面积、免赔总面积）、收到赔款总金额［其中：后期（待查看后）收到赔款金额］	平均赔款金额
		财政补贴	财政补贴总金额（其中：保费补贴总金额）	平均保费补贴金额

5.2.2.2.1　政府部门（A）

（1）费率确定（A1）：

①保险金额（A11）。保险金额一般由投保人根据保障需求确定，我国森林保险属于政策性保险，在每个省市开展试点过程中由政府和保险企业共同统一确定数值。

②保费收入（A12）。我国政策性保险保费收入一部分由林农自己负担，另一部分通过政府财政补贴的形式进行了支付。保费收入即为保险企业开展森林保险业务所收取的保险费总金额。

我国森林保险保费收入＝林业生产者缴纳保费＋政府财政补贴保费金额

保险企业向投保人收取的原保费公式为：

$$保险费 = 每亩保险金额 \times 费率 \times 保险林木面积$$

③基本费率（A13）。基本费率包括纯费率和附加费率。纯费率是依据一定风险损失平均值计算出来的，主要包含保额损失率和稳定系数。附加费率是利用森林保险经营的成本费用数据计算得来的。

$$保险纯费率 = 风险系数 \times 灾害损失率 \times (1 + 稳定系数)$$

$$附加费率 = \frac{业务开支总和}{纯保费收入总金额} \times 100\%$$

④级差费率（A14）。指利用历史数据，对基本费率进行调整，根据不同区域受灾风险、灾损程度不同实行不同的分等级的费率制度。级差费率相对于基本费率来说更为科学合理。

（2）补贴与政策（A2）：

①财政补贴年增长率（A21）。指各级政府财政补贴金额较上一年增加的比率。

$$补贴年增长率 = \frac{本年度财政补贴金额 - 上一年度财政补贴金额}{上一年度财政补贴金额} \times 100\%$$

②保费财政补贴率（A22）。指每亩林地所交保费额中政府补贴保费金额所占的比率。

$$保费财政补贴率 = \frac{每亩林地财政补贴金额}{每亩林地保费总额} \times 100\%$$

③各级财政补贴比例（A23）。指中央、省级、县市级不同财政补贴数量占总财政补贴金额的比率。

5.2.2.2.2　保险企业（B）

（1）核保与承保（B1）：

①标的实际总价值（B11）。指保险公司进行承保前，交由专业人员进行投保林木的价值量评估。林木标的的实际价值与林木种类、林龄结构有关。

②保险金额增长率（B12）。指本年度每亩林地保险金额较上一年度保险金额增加的比率。

$$保险金额增长率 = \frac{本年度保险金额 - 上一年度保险金额}{上一年度保险金额} \times 100\%$$

③参保率（B13）。指森林保险实际投保面积占本地区可保森林总面积的比率。

$$林农参保率 = \frac{参保森林面积}{本地区可保森林总面积} \times 100\%$$

④承保总面积增长率（B14）。指本年度保险企业承保的森林面积较上一年度

增加的承包面积比率。

$$承保面积增长率 = \frac{本年度承保面积 - 上一年度承保面积}{上一年度承保面积} \times 100\%$$

⑤森林保险覆盖率（B15）。指开展森林保险业务的区域面积占全国总面积的比率，或者也可以说开展森林保险业务的省市地区占全国省市总数的比率。用于衡量森林保险开展范围和程度。

$$森林保险覆盖率 = \frac{开展森林保险业务区域面积}{全国总面积} \times 100\%$$

（2）责任与损失核定（B2）：

①免赔率（B21）。根据保险合同规定的小于一定面积的损失不予以赔偿，还包括其他未包括在合同范围内的灾害类型损失及其他约定免赔的情况。免赔率即为免赔林木面积占总索赔面积或总受灾面积的比率。

$$免赔率 = \frac{免赔林木面积}{总受灾面积} \times 100\%$$

②灾后残值计量（B22）。指对于遭受森林灾害后的林木进行分档，对于尚能利用的木材进行折价，计算所有灾损木材的折价总价值，即为灾后残值，这一部分折价可以再赔款中予以扣除。

（3）理赔（B3）：

①年内已决赔案数量（B31）。指本年度内已结案同时也已赔款的案件数量与已结案但未赔款的案件数量之和。

$$年内已决赔案数量 = 已结案已付款赔案数 + 已结案未付款赔案数$$

②出险率（B32）。指一定时期内，发生赔案的保险标的数量占平均有效承保数量的比率。反映一定时期内保险事故发生率。具体来说：

$$年出险率 = \frac{本年已决赔案标的数量 + 年末未决赔案标的数量 - 年初未决赔案标的数量}{年平均有效承保数量} \times 100\%$$

③绝对免赔损失率（B33）。指森林灾害发生没有造成林木全损时，约定的绝对免赔损失率，用于免赔的界定。

$$损失率 = \frac{样本地林木损失株数}{样本地立木总株数} \times 100\%$$

④赔款金额总支出增长率（B34）。指本年度的赔款支出金额较上一年度的增长比率，反映了本年度灾害发生和赔款情况。

$$赔款金额总支出增长率 = \frac{本年度赔款金额支出 - 上一年度赔款金额支出}{上一年度赔款金额支出} \times 100\%$$

（4）盈亏（B4）：

①净资产利润率（B41）。用于评价保险公司净资产的盈利能力。

$$净资产利润率 = \frac{净利润}{净资产值} \times 100\%$$

②营业收入利润率(B42)。用于评价保险公司利用每100元的保费获取的利润。

$$营业收入利润率 = \frac{净利润}{保费收入} \times 100\%$$

③总资产收益率(B43)。反映保险公司一定时期内运用资金进行投资获取的收益情况。

$$总资产收益率 = \frac{投资收益}{全部资产总额} \times 100\%$$

④费用率(B44)。反映保险公司一定时期内经营森林保险业务的成本情况。

$$费用率 = \frac{营业费用}{保费收入} \times 100\%$$

5.2.2.2.3　林业生产者(C)

(1)投保(C1):

①林地投保率(C11)。指一定时期内,林业生产者所拥有的林地中进行投保的面积占林地总面积的比率。

$$林地投保率 = \frac{投保林地面积}{拥有林地总面积} \times 100\%$$

②投保结构(C12)。指一定时期内,林业生产者不同林种(林龄)的林地投保面积占总投保面积比率。

(2)索赔(C2):

平均赔款金额(C21)。指发生森林灾害损失后,林业生产者投保的每亩林地获得的赔偿款金额。

$$平均赔款金额 = \frac{获得赔款总金额}{林地面积} \times 100\%$$

(3)林业生产收益情况(C3):

林业生产净收益年增长率(C31)。指本年度林业生产者从事林业生产获得的净收益较上一年度的增长比率,其中净收益为获得的林业生产收入减去成本。

$$净收益年增长率 = \frac{本年度净收益 - 上一年度净收益}{上一年度净收益} \times 100\%$$

第 **6** 章

森林灾害和保险统计数据收集体系

构建森林灾害和保险统计指标体系的目的在于获取指标数据。只有获取了各指标的基础数据，才能为森林灾害发生和森林保险运行规律的探究、为森林灾害管理部门和森林保险主体决策提供依据；才能发现森林灾害和保险中存在的问题，评估管理和运行的效率，为工作的改善提出建议。所以，数据收集体系的指标体系是指标体系设计研究内容的重要组成部分。

6.1 统计数据的主要来源和收集方式

统计数据收集是指按照统计研究的目的和任务，运用科学、合理的数据收集方法，收集反映客观事实的统计数据的过程。数据的来源渠道主要有统计调查、会计核算、业务核算、统计估算等，其中统计调查又可细分为普查、抽样调查、统计报表制度三种，此外还有重点调查和复合调查。我们知道，每种数据收集方式的适用性是不同的，需要分析森林灾害和保险统计指标各自最适合的数据收集方式，并对其进行分类，以有利于统计指标数据收集工作的顺利、有效开展(图6-1)。

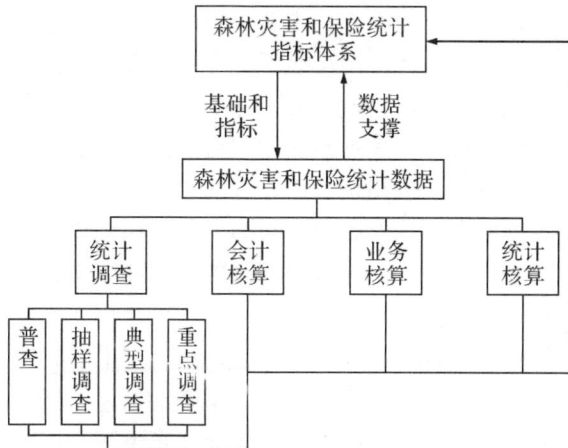

图6-1 森林灾害和保险统计数据来源与收集方法

6.1.1　统计调查

统计调查是数据收集中最常用的方式，要想更好地完成数据统计任务，最重要的是要针对不同需要（调查任务），根据不同条件（调查对象），并考虑人力财力（调查力量），采取机动灵活的调查方式（岳巍，1988）。统计调查中有统计报表制度、普查、抽样调查、典型调查、重点调查等不同的调查组织方式，并在数据的收集中发挥重要作用。

6.1.1.1　统计报表制度

统计报表制度是国家统计部门向统计调查机构统一制定和发放的标准化的统计报表，这些机构按照国家规定定期填报统计报表的统计制度。所以，我国的统计报表按报送周期分为日报、旬报、月报、季报、年报等；按性质及内容分为基本统计报表和专业统计报表；基本统计报表又分为全国统计报表和地方统计报表。以农林牧渔综合统计报表制度为例，国家统计局要求省级机关对于其辖区内全部农业生产单位进行有关农业生产条件、农产品生产情况、总产值等的数据统计。但在具体的数据统计过程中，可以采取抽样调查、资料推演等方法（郑京平，2002）。统计报表制度在全面获取产业数据、企业数据、劳动力数据等方面具有独特的优势。我国目前统计报表制度的报送程序包括逐级报送与直报等形式。逐级报送的基本报送过程为：从"基层单位"到"所属/上级统计机构"，等等，再到"国家统计局"，最后到达宏观数据用户手中（吴晓文，2010）。

6.1.1.2　普　查

普查主要是周期性全面调查，即每隔一个周期对调查对象进行的一次性的全面的清查，以获取目标对象的完整信息和数据。目前我国主要的普查有：人口普查、农业普查、经济普查等。普查中，主要可以采用直接观察法和报告法。直接观察法是由政府主管部门和统计协调小组组成专门的普查机构，逐级布置调查任务，下达调查项目，发放调查表，通过统一计划和行动，对被调查单位进行的集中的、全面的、深入的调查；直接观察法所取得的数据属于一手原始数据。报告法通常没有专门的调查机构，主要是利用原有的资料和核算数据，通过层层上报和汇总的方式进行数据的全面获取。普查作为一种全面调查，具有涉及面广，耗费巨大的特点，主要适用于基本统计指标的调查，忌讳烦琐、重复性的指标。

6.1.1.3　抽样调查

抽样调查属于非全面调查，简单来说就是利用样本推断总体，即通过选定抽样框架（很多时候抽样框架的获得有赖于全面调查的科学实施），获得部分单位的统计数据，从而通过统计方法较精确、有效地推算事物总体数量和特征的调查方法，抽样调查中单位的选取是依据随机原则的。主要分为简单抽样和分层抽样。抽样调查在森林灾害和保险统计数据调查中，适用于大量和分散的调查对象。

6.1.1.4　其　他

除以上主要调查方法外，在实际数据收集过程中还存在典型调查、重点调查、复合调查等方法。这些方法不仅可以单独进行数据收集任务，也可与其他调查方法相结合，共同完成统计数据的收集工作。

（1）典型调查。典型调查是根据研究目的有意识地选取典型性单位——对全体被研究对象具有充分代表性，对其进行深入细致的研究，利用该典型单位调查结果反映研究对象总体的特征和规律的调查方法。典型单位的选择通常有"划类选典""取中选典"和"突出选典"等具体方法，在实际操作中，若被研究对象内部共性较大，则可选取少量典型；当其内部共性小而差异大时，则需多选取典型。同时，"典型"的选择具有一定主观意识性。

（2）重点调查。狭义上的重点调查是对总体中的一部分重点单位进行调查，通过重点单位与总体间明确的比例关系获取对总体的基本情况的认知的调查方法。广义上的重点调查还包括对整体经济现象中的特殊的、局部的、重要的现象的调查，以获取更细致、有针对性的总体认知。一般来说，重点单位是指在所研究的标志总量中占有绝大比重，但在总体单位中数量不多的几个主要单位。在实际操作中，重点对象的选取较典型选取具有客观标准，是客观易选的，但不具有代表性（张占茹，刘卫华，2006）。

6.1.2　会计核算

会计核算是运用专门的会计方法，对生产经营活动或预算执行过程及结果，以货币为计量形式进行的记录、计算和分析活动。会计核算流程是对会计信息处理和加工的过程，主要方法包括：设置账户、复式记账、填制和审核凭证、登记会计账簿、成本计算、财产清查和编制会计报表，他们彼此之间是相互依存相互联系的。同时，不同的行业执行不同的会计制度和核算办法。

6.1.3　业务核算

业务核算是以企业的经济活动为基础，对经济业务活动原始资料进行调查、登记、保存和计算，以及时反映企业供应、生产、流通、销售全过程的一种数据收集方式。业务核算不仅可以对已经发生的经济活动进行核算，还可对尚未发生和正在发生的经济活动进行核算，分析经济活动的经济效果。在实践中，业务核算主要是针对特定经济业务进行单项核算。

6.1.4　统计估算

统计估算是根据已掌握的调查资料和数据，在一定假设条件下，利用相应的统计方法和数学方法，经过大量周密的分析、推算和估计，间接地获取统计数据的方法。统计推算获取数据的前提之一是需要统计人员具有系统的统计专业知识，熟练应用各种统计方法，同时需要对推断对象有深刻、充分的了解和研究。统计推算分为抽样估计和间接推算两大类，属于非全面调查的一种，具有投入少、效率高的优点。

6.1.5　数据来源和收集方法的比较分析

从定义中我们可以看出，各类不同的数据收集方法具有各自的特点，有他特有的适用范围，经过对比分析，可以更好地了解他们之间的区别，有助于数据收集实践中方法的正确选择。

6.1.5.1　各统计调查方法的比较分析

统计调查作为数据收集中最常用的手段，其包含的各类型方法的数据来源、适用条件和场合也是不同的，具体对比分析见表 6-1。

表 6-1　不同资料来源数据统计调查方法的比较分析

方法	调查类型	调查单位	适用情况	可靠程度
普查	全面	根据调查内容和目的，对所包含的所有调查单位进行调查	适用于需要全面、基础的数据，同时具有进行全面调查条件的情况	属于一手基础数据的获取，数据可靠
统计报表	全面、非全面	根据各报表制度所规定的各层级单位进行主动填报	适用于具有统一、系统的报表制度，并需要全面数据的情况	属于直接数据的获取，但在上报过程中由于人为因素可能存在无法衡量的数据失真
抽样调查	非全面	按随机原则选取样本单位，保证样本结构与总体机构一致，客观	适用于无法或不宜进行全面调查，但需要全面数据的情况	利用样本资料推断总体特征，但抽样误差和可靠程度具有可测性和可调整性
典型调查	非全面	通过对研究对象和目的的深入研究，选取认为能代表总体对象的典型，具有主观倾向	适用于对调查对象有全面、系统认识，可有效选取典型对象的情况	因具有主观性，可靠程度无法测算。但可通过与抽样结果的对比进行相对测度
重点调查	非全面	依据调查单位的标志值在标志总量中的比重确定少数重点单位，较客观	适用于调查单位比较集中，同时易于识别的情况	可大致推算总体的基本情况，但误差和可靠程度不具有可测性

6.1.5.2 统计调查、会计核算、业务核算和统计估算的方法比较分析

会计核算、业务核算和统计估算是经济核算内容3个主要方面，与统计调查共同成为数据收集的主要来源（表6-2）。三者之间有明显的区别，在数据收集过程中发挥着各不相同，但又相互协调的作用。

表6-2 不同资料来源数据收集方法的比较分析

方法	数据范围	适用情况	可靠程度
统计调查	具体方法多，各有优势，数据收集范围广	统计调查是适用性最广泛的方法，其中的全面调查方法适合基础、全面数据的收集；非全面方法主要适合利用样本数据取得总体数据、了解系统情况的情形	统计调查依据具体调查方法的不同有所不同
会计核算	经济活动中的可以以货币单位衡量的数据	经济活动中需要利用货币进行衡量，利用会计方法进行计算的情形	数据来源于原始凭证（一手资料），较为可靠
业务核算	业务活动数据	特定经济活动中涉及业务范围活动的，或需利用已知数据预测和验证未知趋势的情况	以个别单位的针对性经济资料为基础，较为可靠
统计估算	无法直接获得的数据	无法直接取得所需数据，但具有可利用的基础数据和科学的方法、专业的人员，对研究对象进行估算的情况	如果所用统计估算方法科学合理，结果则较为可靠

6.2 森林灾害和保险统计数据收集方法

6.2.1 国外农业统计数据收集方法及特点

美国、英国等发达国家在构建完善的农业保险体系的基础上，利用计算机技术和制度的制定构建了系统的数据收集体系，可以为我国森林灾害和保险统计指标数据收集提供借鉴（表6-3）。

表 6-3　国外农业统计数据收集方法的比较

国家	数据收集模式	数据收集方法	数据分析评估
美国	以普查为基础，抽样调查为主体，其他调查手段为补充	1. 对于标志性数字：采用国情普查取；其他年份数据通过经济分析方法获得 2. 年度、月度数据：抽样调查获取，问卷调查、电话访问也被灵活运用。同一调查内容采用多种调查方式，综合应用	1. 建立交互数据分析系统（IDAS），对数据进行分析 2. 建立农业统计原始数据仓库（即复合型数据库）
英国	1. 利用现有政府行政记录 2. 国家统计局的统计调查 普查和抽样调查相结合	1. 英国国家统计局负责日常统计调查，代表各部门开展各项专项性调查 2. 调查样本均取自于《部际间工商企业登记名录》，调查项目间使用同一分类、标准、概念	国家统计局的调查控制处，每 3～6 年对所有统计调查项目现状进行总的组织评估

特点：1. 具有统一的国民经济核算标准和范围，包括统一的统计分类标准、统计指标体系、统计指标定义及核算方法

2. 统计数据收集的独立性和权威性，重视统计数据的质量

3. 充分利用先进调查技术、现代分析评估手段和计算机系统

6.2.2　森林灾害统计指标的数据收集方法

　　根据以上各类数据收集方式的不同特点和适用范围，在我国森林灾害统计的实际应用中，本研究将各个管理阶段的主要指标具体的数据收集方式进行分类。灾害监测主要是利用各层级、各地区建立的监测网点进行指标数据的收集，其宏观总体数据是通过逐层上报汇总所得。灾害预防中的建设指标主要是包括基础设施建设、固定资产购置等，具有一定的稳定性，可采用报表制度与普查相结合的方式；而投入指标中主要涉及人力、物力、财力的投入，需利用会计核算和报表制度相结合的方式。救灾抗灾同样需要大量人力、物力、财力投入，包括较多的基础性、全面性数据，主要是通过普查和统计报表制度获取；其中涉及投入类的数据，部分是通过会计核算方式获取的；而针对特定地区的深入调查，可以采用典型或重点调查获取数据。灾害损失评估中的林木资源损失和生态环境资源损失数据由于很难直接衡量，需要通过抽样调查和统计估算获得间接数据；而生产生活损失指标数据较为基础，多数可采用全面调查和抽样调查相结合的方式获得。灾后阶段需要通过大量经费投入、人员参与来实现灾后生活、生产、生态的恢复；投入指标以基础数据为主，效果部分指标数据相对于投入较为抽象。灾情的基本统计中，需要了解全面的灾害情况或重点区域灾害发生情况，以统计报表制

度和抽样调查、重点调查、典型调查相结合的方式收集数据。

综上可以看出，数据收集的实践中，各类数据收集方式通常并不是单一运用的，而是互相结合使用的，见表6-4。

表6-4　我国森林灾害统计数据收集方法

管理阶段	数据收集方法	具体运用
灾害监测	抽样调查、统计报表	1. 气象指标主要是利用构建的监测网络获取数据，通过统计报表制度进行上报 2. 火灾和病虫鼠害的直接致灾因子指标主要通过样地抽样调查直接获取数据，整理、汇总后通过统计报表进行上报
灾害预防	普查、会计核算、统计报表、抽样调查、典型调查和重点调查	1. 建设类指标较为稳定、简单，采用定期普查方式 2. 投入指标通过会计核算以货币形式进行投入衡量，同时利用统计报表制度层层上报，统一汇总 3. 效果指标主要通过统计报表汇总数据并计算，其中病虫鼠害中的"虫源基数""鼠类密度"指标需要结合抽样调查方法
救灾抗灾	统计报表、会计核算、统计估算	1. 投入指标主要利用统计报表制度实现数据收集，其中涉及金额费用的指标需结合会计核算方法，涉及价值量的指标还需结合统计估算 2. 效果指标也主要利用统计报表制度，但其中的"减少直接经济损失价值量"一项指标需要会计核算和统计估算
灾损评估	统计报表、抽样调查、统计估算	1. 林木资源损失指标主要利用统计报表制度，其中涉及价值量的指标还需结合统计估算 2. 生态环境资源损失指标主要需要利用抽样调查和统计估算两类方法 3. 生活生产损失指标主要利用统计报表制度进行数据分类、汇总；涉及价值量的指标还需结合统计估算
灾后恢复	统计报表、会计核算、抽样调查、统计估算	1. 投入指标中的具体金额费用需利用会计核算，之后与其他指标一样利用统计报表制度进行上报汇总 2. 效果指标主要利用统计报表制度的同时，像"更新林木成活率"等指标需结合抽样调查获取数据，而"林区生产恢复率""林地生产恢复率"等指标还需要运用统计估算方法
灾情基本统计	统计报表、重点调查	灾害行为指标和灾情描述指标都主要采用统计报表制度；针对重点地区具体研究还可采取重点调查

6.2.3 森林保险统计指标的数据收集方法

在我国森林保险统计数据收集实践中，同样存在着各类数据收集方法结合应用的情况。其中基础指标数据主要利用统计报表制度、抽样调查、会计核算、业务核算等方式直接获取；而计算类指标在利用以上方法的同时，要涉及统计估算。针对各个统计指标的不同特点和数据获取的实际操作，本研究将森林保险统计指标数据的收集按不同数据收集方式进行划分，见表6-5。

表6-5　我国森林保险统计数据来源与收集方法

环节	数据来源与收集方法	具体运用
费率的确定	业务核算、统计报表、统计估算	1. 基础指标主要采用业务核算与统计报表相结合的方式 2. 计算指标数据在基础指标基础上，利用统计估算方法获得
投保	统计报表、业务核算	基础指标和计算指标的基础数据都主要通过统计报表制度获得
核保与承保	统计报表、会计核算、业务核算	1. 基础指标和计算指标都涉及业务情况，主要通过会计核算和业务核算方法获得原始数据 2. 各企业总体数据可利用企业地方网点网络，通过统计报表进行数据收集
责任与损失核定	抽样调查、典型调查、重点调查、统计估算	1. 基础指标主要运用抽样调查、典型调查和重点调查的方法获取原始数据 2. 计算指标在利用基础指标原始数据的基础上，结合统计估算方法
赔付	会计核算、业务核算、统计报表	1. 主要运用会计核算、业务核算方法获得基础数据 2. 各企业总体数据需利用统计报表制度上报、汇总
经营盈亏	会计核算、业务核算、统计报表	1. 主要运用会计核算、业务核算方法获得基础数据 2. 各企业总体数据需利用统计报表制度上报、汇总
索赔	统计报表、业务核算、会计核算	1. 基础指标和计算指标的基础数据都主要通过统计报表制度获得 2. 其中涉及金额的指标数据还需借助会计核算方法
财政补贴	统计报表、会计核算	基础指标和计算指标主要都是通过会计核算和统计报表获取原始数据

下　篇

集体林区森林保险需求的实证分析

第 **7** 章

森林保险需求研究基础与实证假设

7.1 森林保险需求及其影响因素的研究进展

7.1.1 森林保险需求的界定

根据经济学理论，需求的形成必须具备两个条件：一是必须具备购买意愿（需要），二是必须具备支付能力，这种条件下的需求代表的是有效需求。而就森林灾害保险而言，林农对森林灾害保险的需求是基于安全的需要而产生的需求，但现实状况是并非所有农户都对森林保险有需求。本研究中的森林灾害保险需求是指林农对森林保险的有效需求，既具有森林保险购买意愿，又具备支付能力。因此，本书研究对象因变量的指标选择为"是否购买了森林保险"。

7.1.2 森林保险需求影响因素的研究进展

7.1.2.1 国外关于森林保险需求影响因素的研究

国外关于农业保险需求影响因素分析的文献很多，大部分研究主要是通过建立需求模型来分析影响农户农业保险需求的因素。Peter Hazell、Carols Pomareda、Alberto Valdes（1986）在分析农户对农作物保险需求时提出，农户的期望效用函数为 $E(u) = E(y) - \Phi\sigma_y$，其中 $E(y)$ 为期望收入水平，Φ 是风险规避系数，σ_y 是收入的标准差。Micheal Rothschild 和 Joseph Stiglitz（1976）提出的保险需求理论认为保险对于投保人的价值 $V(p, a)$（p 为损失发生的概率，a 为保费额）可以表达为 $V(p, W-a, W-d+a_1)$，继而推之为 $(1-p)(W-a) + p(W-d+a_1)$，其中，W 为起始财富，d 为发生损失金额，a_1 为实际赔付额与保险金额之差，只有在 $V(p, a)$ 比 $V(p, 0)$ 大的情况下，才会购买农业保险。Saleem Shaik、Keith H. Coble、Thomas Knight（2005）通过建立联立方程组，较全面地分析了两个决策问题，其中一个是 $Y_1 = f(w, r, \mu y, \sigma y, \mu p, \sigma p, p, irr, Y_2)$；另一个是 $Y_2 = f(w, r, \mu y, \sigma y, \mu p, \sigma p, p, irr, Y_1)$。

7.1.2.2　国内关于森林保险需求影响因素的研究

国内学者对林农森林保险需求及其影响因素的问题开展了大量的研究，大多研究认同林农对森林保险的有效需求不足，但所分析的主要影响因素各异。一种观点认为影响森林保险需求的主要因素是保险价格。如石焱等（2008）认为森林保险产品价格偏高限制了森林保险的发展，影响了林农对森林保险的有效需求；周式飞（2010）对森林保险产品的成本构成进行分析后得出的结论是：森林保险价格有刚性的特点，这最终导致容易造成森林保险供求失衡的问题。另一种观点认为影响森林保险需求的主要因素是林农对风险意识和对保险的态度。如冷静等（2008）认为林农对于森林保险参与的积极性还不够，可能的原因是林农对森林保险的认识不够；王志新等（2010）认为林农并不愿付出现实的经济成本（即购买森林保险成本）去化解未来的林业生产经营中的风险；谢彦明等（2009）基于云南省492户林农的调查数据，研究结果表明：显著影响因素有林农对森林保险态度等。第三种观点认为影响森林保险需求的主要因素是农户家庭劳动力数量。如杨琳等（2010）基于浙江省156户林农的调查数据，研究结果表明：农户家庭劳动力数量等因素影响显著。当然，也有学者并不认同林农的森林保险需求不足这一观点。如金满涛（2010）认为林农对于森林保险存在着强烈的潜在需求。

从研究方法看，多数研究主要是在对林农开展调查的基础上，通过对调查结果描述统计分析，或通过建立统计模型进行因素分析。在模型研究中，绝大多数研究采用 Logistic 模型方法，如谢彦明等（2009）和杨琳等（2010）的研究。而在农业保险需求影响因素模型的研究中，除了 Logistic 模型，还有 Probit 模型和 logit 模型。如宁满秀等（2005）运用 Probit 模型对农业保险的影响因素进行了分析；陈妍等（2007）和赵建东等（2009）分别利用 logit 模型，基于武汉市和安徽省农业保险需求调查问卷调查数据，对不同地区农业保险需求的影响因素进行了实证分析。

总体看来，我国的森林保险需求影响因素实证分析方法较为单一，这样单一的分析方法建立的模型效果具有很大的局限性，不能保证充分挖掘有效信息。本研究将在借鉴相关领域（农林保险等）已有研究方法的基础上，结合实际情况探求更优的有关森林保险需求的研究方法，以便从更深层次了解林农对森林保险需求方面的相关问题。

7.2　森林保险需求的研究方法

本研究拟在结合理论研究的基础上着重于实证分析，通过建立计量模型等多种分析方法定量分析林农对森林保险的需求情况，了解影响林农对政策性森林保险需求的主要因素，分析林农对森林保险保费的支付意愿情况，测算出在不同地区不同保额水平下，林农对森林保险保费的最高支付意愿，并通过与实际森林保险保险费率水平的对比分析，探究林农对森林保险的有效需求潜力。为此，本研究主要采取了以下几种研究方法：

（1）统计模型分析方法。利用实地调查所得的一手数据资料，通过采用最优尺度回归模型与 Logistic 回归模型和多重对应分析相结合的分析方法，探究显著影响林农森林保险需求的主要因素及其影响方向和影响程度。另外，采用多种检验方法对其他因素对森林保险需求的影响进行分析，如卡方检验。

（2）多重对应分析方法。主要用于对非显著因素对森林保险需求的影响进行分析。

（3）条件价值评估法（Contingent Valuation Method，CVM）。主要用于获取调查数据信息，具体应用于以下两方面：

①CVM 问卷设计。通过合理设置问卷内容和形式，使被调查者能够在接受调查过程中按照假定的情况顺畅的表达出自己对被访问题的真实想法。

②CVM 引导技术。该技术主要有两类，一类是针对连续型变量的引导，另一类是针对离散型变量的引导。本研究涉及针对连续型回答的引导技术，具体包括三种方法：重复投标博弈、开放式和支付卡式。本研究在问卷调查实施阶段，采用开放式引导技术，通过开放式提问方法直接询问被调查者对森林保险产品的最高支付意愿（Willing To Pay，WTP）。这种方法能够获得直观、便于分析的数据，同时数据本身又具实际意义。

研究的具体技术路线如图 7-1。

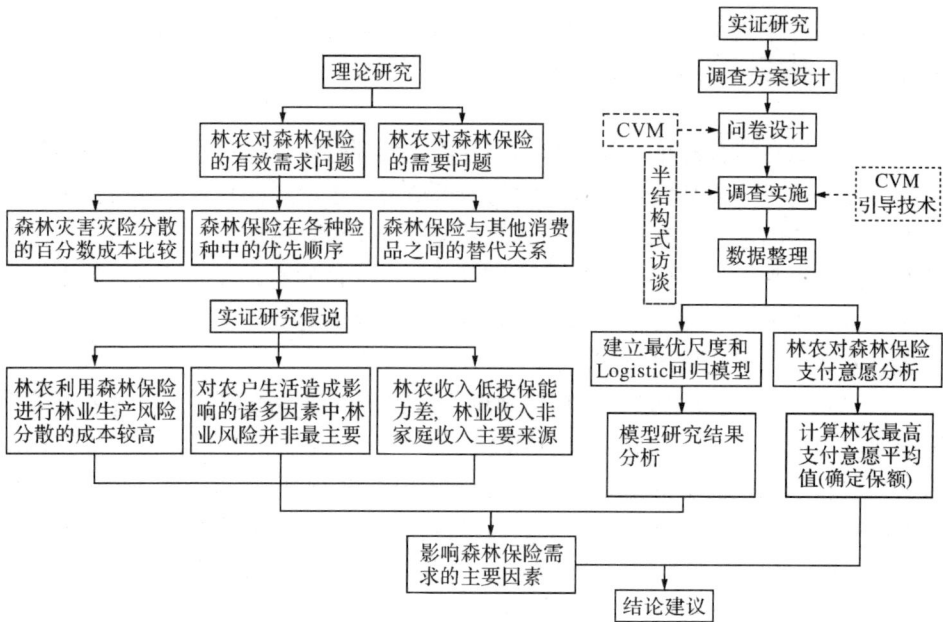

图 7-1　技术路线图

7.3　森林保险需求的实证研究假设

7.3.1　森林保险与其他消费品之间的替代关系

本研究调查的对象是林农，一般情况下农户的收入水平比城市居民的收入水平低很多，生活水平也相对较低。在农户的生产生活中，首先要满足的是基本生活消费需求（衣食住行等），因此，根据"马斯洛需求层次理论"，在基本生理需求层面的生活消费需求未得到充分满足的前提下，林农不会考虑安全层面的需求，例如购买森林保险。

7.3.2　森林保险在各险种中的优先顺序

在林农户生产生活中，除了面临的生理层面的需求以外，还面临着疾病医疗风险和养老风险等安全的需求，只有那些在农户生产生活中有相对重大影响的主要风险，才会首先引起农户的关注和重视（张跃华，2007）。

假设林农符合"经济人"假设，林农是理性的、信息充分的，在对森林保险进行消费的决策过程中，首先他们会考虑生理层面需求是否得到满足、是否需要通过森林灾害保险来分散林业经营风险；如果生理层面的需求已经得到满足，同时又有通过森林灾害保险来分散林业经营风险的需要，他们接下来便会衡量各种风险对生产生活的影响程度；如果农户认为林业经营风险在各种风险中占据主要位置，并决定设法去化解由此带来的不确定性，结合实际情况，他们会根据期望效用最大化的原则考虑最终是选择购买针对林业经营的森林灾害保险还是针对个人的自我保险（张跃华，2007）。

7.3.3　森林灾害风险分散的成本比较

当农户认为林业经营风险在各种风险中占据重要位置，并决定设法去化解由此带来的不确定性时，他们所考虑的核心问题便成了：是否还有其他方法来分散森林保险（张跃华，2007）。

7.3.4　实证研究假设

假设一：由于中国林农的总体收入水平很低，保险尚未成为必需品。

假设二：林业经营收入可能并不是林农家庭收入的最主要来源。随着经济的发展，农村外出务工或是在当地工业园上班的人员数量日趋增加，很多林农家庭收入大部分已经不是来自林业经营收入，而是来自打工收入，因此，林农不愿意为林业经营支付更多成本。

假设三：林业经营风险在现阶段并不是林农面临的最主要风险。

假设四：林农通过购买森林灾害保险来进行分散林业风险的成本相对较高。

第 **8** 章

我国集体林区政策性森林保险的
发展历程与实施情况

8.1 发展历程

新中国成立后，我国的森林保险制度从 20 世纪 80 年代中期开始建立，至今已有近 30 年的时间，其发展过程大体可分为起步试验、萎缩停滞、局部恢复、快速发展等几个主要发展阶段。

8.1.1 起步试验阶段(20 世纪 80 年代初至 90 年代中期)

1981 年，为了加强森林资源管理和补偿森林灾害损失，林业部门联合中国人民保险公司，共同研究开展森林保险业务。1982 年，拟定了我国第一部森林保险规章——《森林保险条款》。从 1984 年在广西壮族自治区桂林市、辽宁省本溪市等地区开展森林保险试点工作开始，至 1994 年先后有湖南、福建、四川、山东、吉林、北京等 20 多个省(自治区、直辖市)开展森林保险业务，主要承保。这一阶段的森林保险主要依靠政府的推动，保险对象主要是防护林、人工杉木林、混交林和用材林等森林资源；参保主体主要是国有林场；保险模式主要有四种类型：①中国人民保险公司主办林业部门代理业务，如广西的桂林、湖南的会同等地；②林业部门与中国人民保险公司共保，如福建的邵武；③林业部门自保，如辽宁的本溪；④农村林木保险合作组织自保，如四川、广东(辛旭东、肖蓓，2011)。由于政府的推动和国有林场的参保，参保面积逐年扩大呈现出逐年上升的发展趋势。

8.1.2 萎缩停滞阶段(20 世纪 90 年代中期至 21 世纪初)

进入 20 世纪 90 年代以后，由于我国国有林场实行"事业单位、企业化管理"的管理体制，国家对国有林场的事业费投入大幅度减少的同时，企业又不能自主采伐利用林场的森林资源，导致国有林场经营状况不断恶化，国有林场投保的资金能力和积极性下降；同时，由于森林保险具有高风险、高赔付的特点，在政府推动减弱的情况下，保险公司的承保积极性下降。有效需求和有效供给不足导致这一阶段森林保险投保面积逐年萎缩。到 21 世纪初，全国大多数地区的森林保险已基本处于停办状态（王珺，2011）。

8.1.3　局部恢复阶段（2003 ~ 2007）

2003 年福建、江西等省份在全国率先开展了以明晰所有权、放活经营权、落实处置权、确保收益权为主要内容的集体林权制度改革，实行分户经营。为分散林农单户经营的风险，同时为林农获取林权抵押贷款提供条件，福建、江西、浙江等省相继在重点林区开展森林保险业务试点，并通过地方财政对森林保险给予保费补贴，这在一定程度上调动了林业生产经营主体的投保积极性和保险公司的承保积极性，推动了我国的森林保险进入了一个重新启动和局部恢复的阶段。

8.1.4　快速发展阶段（2008 ~ ）

随着集体林区林权制度改革试点的不断深入，以及对福建、江西等省份森林保险试点经验的总结，学术界、政府相关部门和林业经营者对于森林保险在集体林区森林经营与林权实现过程中的意义和作用，以及森林保险的政策性特点有了进一步认识。在 2008 年后的多个中央文件中相继提出建立森林保险制度。2008年中央 10 号文件《中共中央 国务院关于全面推进集体林权制度改革的意见》明确提出要"加快建立政策性森林保险制度，提高农户抵御自然灾害的能力"；2009年中央 1 号文件《中共中央 国务院关于 2009 年促进农业稳定发展农民持续增收的若干意见》进一步提出"加大财政对集体林权制度改革的支持力度，开展政策性森林保险试点"。根据这两个中央文件的精神，财政部 2009 年 3 月出台了《关于中央财政森林保险保费补贴试点工作有关事项的通知》（财金〔2009〕25 号），并随文下发了《中央财政森林保险保费补贴试点方案》，明确在福建、江西、湖南三省率先开展中央财政森林保险保费补贴试点工作，对生长和管理正常的商品林和公益林，在省级财政至少补贴 25% 保费的基础上，中央财政再补贴 30% 的保费。同年 5 月，中国人民银行、财政部、银监会、保监会、国家林业局等五部门联合下发了《关于做好集体林权制度改革与林业发展金融服务工作的指导意见》，对经办机构做好政策性森林保险工作提出了具体要求。2009 年 6 月底中央林业工作会议再次明确提出要建立政策性森林保险制度，增强金融对林业发展的服务能力。10 月，中国保监会和国家林业局共同下发《关于做好政策性森林保险体系建设促进林业可持续发展的通知》，对政策性森林保险的试点、方案、保额、费率、巨灾保障机制、经办机构的资质审查等内容均做出明确的规定（辛旭东、肖蓓，2011）。根据 2010 年中央 1 号文件《中共中央 国务院关于加大统筹城

乡发展力度 进一步夯实农业农村发展基础的若干意见》关于"逐步扩大政策性森林保险试点范围"的有关精神，财政部于同年 5 月出台了《关于 2010 年度中央财政农业保险保费补贴工作有关事项的通知》，将森林保险保费补贴试点省扩大至六省，在原来的福建、江西和湖南三省的基础上，增加了浙江、辽宁、云南三省；同时将公益林保险的中央财政保费补贴比例提高至 50%，地方财政补贴比例提高至 40%。2011 年，中央财政森林保险保费补贴区域进一步扩大，新增广东、广西、四川 3 省（自治区），加上前期已纳入的 6 省份，中央财政森林保险保费补贴范围扩大 9 省（自治区）。2012 年，中央财政森林保险保费补贴区域新增河北、安徽、河南、湖北、海南、重庆、贵州、陕西 8 省（直辖市），加上前期已经纳入试点的 9 省（自治区），共有 17 省（自治区、直辖市）纳入中央财政森林保险保费补贴范围。根据国家林业局统计（http：//www. forestry. gov. cn/），截至 2013 年上半年，纳入中央财政森林保险保费补贴的 17 省（自治区、直辖市）森林保险总面积为 13.89 亿亩，比 2012 年年底增长了 1 亿亩，增长率为 7.75%，其中：公益林投保面积 8.7 亿亩，商品林投保面积 5.19 亿亩。平均参保率为 57.6%，其中公益林 68.06%，商品林 45.8%。保险总金额 6987 亿元，其中公益林 4246 亿元，商品林 2741 亿元。公益林保额平均为 488 元/亩，商品林保额平均为 528 元/亩，海南省橡胶林保额为 1570 元/亩。半年共完成理赔案件 1757 起，理赔金额共计 1.35 亿元。从 2008 年开始，在中央财政支持政策的鼓励与地方政府和林业部门的大力推动下，我国政策性森林保险进入了一个快速发展阶段。

8.2　案例省份实施情况

如前所示，江西省、福建省、湖南省和浙江省是我国较早开展政策性森林保险试点的地区，经过多年的发展，已取得了一定成效，同时也积累了一些成功的做法和经验，因此本研究选取这 4 个省份作为林农保险需求分析的案例点，各省森林保险的具体实施情况分述如下。

8.2.1　江西省森林保险实践情况

江西省是我国南方重点集体林区，林业在全省经济和社会发展中占据重要的地位。江西省于 2005 年开展集体林区制度改革工作，截至 2007 年年底基本完成。随着集体林权制度改革工作的深入开展，林业经营者的积极性大大提高，森林的面积和质量也都有了大幅度的提高，但是森林火灾的发生率也随之呈现出增长态势。江西省于 2007 年 6 月启动政策性森林保险，2009 年成为中央财政保费补贴试点省。

根据 2011 年江西省森林保险试点实施方案，江西省森林保险险种有单项险和综合保险，其中单项险主要是火灾险，综合保险主要承保以下灾害：森林培育经营过程中发生的火灾、暴雨、暴风、洪水、泥石流、冰冻、冰雹、霜冻、台风、暴雪、森林病虫害等。生态公益林保险金额 500 元/亩，费率为 2‰。商品林保险赔款由保险公司直接赔付给投保者，商品林综合保险费率为 4‰，火灾保险费率 1.5‰，商品林保险金额视树种树龄情况不超过 800 元/亩，由参保人与保险公司协商确定。公益林全省统保，国家和省级公益林保费由中央财政补贴 50%、省财政负担 50%；商品林补贴比例为 60%，其中中央财政补贴 30%、省财政补贴 25%、县财政补贴 5%（若投保人为林业企业，自行承担县财政补贴比例）。每次火灾事故绝对免赔为 10 亩或核损金额的 10%，两者以高者为准；投保面积在 100 亩以下（不含 100 亩）的免赔额为投保面积的 10%。对于暴雨、暴风、洪水、泥石流、冰冻、冰雹、霜冻、台风、暴雪、森林病虫害，每次事故绝对免赔 200 元或核损金额的 10%，两者以高者为准。

江西省对全省 5100 万亩生态公益森林进行了综合险统保，对商品林采取"政府引导、政策扶持、市场运作、林农自愿"的原则开展森林保险工作。

8.2.2　湖南省森林保险实践情况

湖南省也是一个林业大省，是我国南方重点的集体林区，也是自然灾害多发的省份之一，2009 年，湖南省成为中央财政森林保险保费补贴三个试点省份之一。根据 2011～2012 年湖南省森林保险试点实施方案，湖南省公益林保险险种主要是综合保险，其承保的灾害主要包括：森林火灾、水灾、旱灾、冻灾和病虫鼠害等。

湖南省森林保险工作实施遵循以下原则：①公益林保险试点遵循"政府引导、市场运作、全面参保、统筹管理"的原则。全省范围内省级以上公益林统一参保，统一确定保费金额、费率、保险责任等保险要素，保险公司按照市场运作进行查勘理赔。②商品林保险遵循"政府引导、市场运作、适度补贴"的原则。由保险双方根据商品林经济价值、灾害类型、风险等级、投保及理赔方式等自主议定保险金额、保险费率和保险责任等，财政给予投保人适度补贴。

生态公益林保险金额 400 元/亩，费率为 4‰，保费由中央财政补贴 50%，省财政补贴 30%，市县财政补贴 10%，林权权利人承担 10%（可由市县财政承担）。商品林保险金额不超过 800 元/亩，费率不超过 1%，由参保人与保险公司协商确定；商品林保费由中央财政补贴 30%，省级财政 25%；鼓励市县财政给予保费补贴支持。中央和省级财政仅按每亩保额 400 元，费率 4‰给予补贴（即对每亩保费≥1.6元的按1.6元的55%给予补贴,若每亩保费<1.6元则按实际每亩保费的55%给予补贴)。保险赔付设立起赔点,损失亩数达到权利人承保面积的10%(含起赔点最高不超过10亩)以上,承保机构按照保险合同的约定负责赔偿。

8.2.3 福建省森林保险实践情况

福建省是我国重点集体林区,是一个"八山一水一分田"的省份。从2006年启动森林火灾保险试点以来,森林保险工作主要经历三个阶段,探索了三种模式。第一阶段,主要是率先启动了森林保险,但由于保费偏高,农民缴费参保的积极性不高,试点地区年参保率不到商品林有林地面积的7%,且98%以上为国有林场和林业企业单位。第二阶段,每亩保险金额500元。这一阶段推行的统保模式效果很好。林业部门与保险公司在减灾防损、查勘定损上加强协作,理赔资金及时到位,林农因灾损失大幅降低,达到了林农、林业和保险多方共赢目标。第三阶段,森林综合保险实施阶段,以政府加大扶持为主模式。

根据2013年福建省森林保险实施方案,福建省森林保险的主要险种是综合险,承包的主要灾害包括:森林火灾、病虫害、暴雨、暴风、洪水、滑坡、泥石流、冰雹、霜冻、台风、暴雪、雨凇、干旱;全省保额统一定为每亩500元,生态公益林和商品林费率统一确定为2.5‰。对于生态公益林保费由中央财政补贴50%、省级财政补贴25%、县级财政补贴15%、林权所有者承担10%,其中,省级以上生态公益林林权所有者承担的部分由县级财政部门从省级森林生态效益补偿基金缴纳,省级以下生态公益林执行商品林财政补贴政策。商品林保费补贴,对于投保面积在10000亩以下(含10000亩)的,中央财政补贴30%、省级财政补贴30%、县级财政补贴15%、林权所有者承担25%;对于投保面积在10000亩以上的,中央财政补贴30%、省级财政补贴30%、林权所有者承担40%。保险赔付设立免赔额,若受害面积≤100亩的,免赔10%;若受害面积>100亩,免赔10亩。

福建省森林保险承保方式:省级以上的生态公益林以县为单位统一参保,商品林自愿投保。对经营面积较大的国有林场、林业企业、林农专业合作组织和种植的商品林大户可单独投保,实行一户一保单,保费由投保人缴纳;对经营面积较小的商品林一般种植户,可以村或乡为单位统一参保,实行一镇(村)一保单,保费可由乡镇(村)统一收取或扣缴。

8.2.4 浙江省森林保险实践情况

浙江省于2006年启动了政策性林木火灾保险,2007年制定条款,确定保险标的(生态公益林或商品林)和保额,2009 年 1 月 1 日起全省所有用材林、经济林和竹林种植户都可投保,2010 年 5 月,经财政部批准,浙江省被正式列入中央财政森林保险保费补贴试点省。

根据 2011 年浙江省森林保险试点方案,浙江省开展的森林保险险种主要有单项险和综合保险,单项险主要是森林火灾险;综合险承包的灾害包括:火灾、暴雨、台风、暴风、龙卷风、洪水、泥石流、冰雹、冻害、暴雪、雨凇。公益林火灾保险金额为 300 元/亩,费率为 1.5‰,保费全部由中央、省、县三级财政承担,其中对于欠发达县,中央、省、县按 50%、40%、10% 分担;其他县,中央、省、县按 50%、20%、30% 分担。商品林保险金额:用材林为 200 ~ 600 元/亩,竹林为 500 ~ 800 元/亩,杂竹为 1000 元/亩,经济林分品种、生长期为 100 ~ 400 元/亩或 3 ~ 1000 元/株;商品林火灾险费率为 1.5‰,综合险费率为:用材林 8‰、经济林 6‰、竹林 8‰。林木综合保险保费由中央、省、县三级财政共补贴 75%,林业生产经营者(林农)自己负担 25%,其中对于欠发达县,中央、省、县、林业生产经营主体(林农)按 30%、27%、18%、25% 分担;其他县,中央、省、县、林业生产经营主体(林农)按 30%、18%、27%、25% 分担。保险赔付设立免赔条款,其中公益林、用材林和竹林绝对免赔额 3 亩(含),经济林绝对免赔额 1000 元(含)。

浙江省森林保险的承保方式:经营面积在 100 亩以上(含 100 亩)的林业经营主体(包括国有、集体林场,林业企业,林业种植大户等)可单独投保;散户可以专业合作社或行政村为单位联户参保。公益林政策性林木火灾保险试行统保。

8.3 案例省份森林保险试点方案对比

4 个案例省份的森林保险实施方案的对比结果见表 8-1。

表 8-1 各省森林保险试点方案对比

案例省	林种	险种	保险金额(元/亩)	保险费率(‰)	中央财政补贴比例(%)	省财政补贴比例(%)	(市)县财政补贴比例(%)	投保人负担比例(%)
江西省	公益林	综合险	500	2.0	50	50	–	–
	商品林	火灾险	<800	1.5	30	25	5	40
		综合险	<800	4.0	30	25	5	40
湖南省	公益林	综合险	400	4.0	50	30	10	10
	商品林	综合险	<800	<10	30	25	45	

（续）

案例省	林种	险种	保险金额（元/亩）	保险费率（‰）	中央财政补贴比例（%）	省财政补贴比例（%）	（市）县财政补贴比例（%）	投保人负担比例（%）
福建省	国家和省级公益林	综合险	500	2.5	50	25	15	10
	商品林和省级以下公益林	综合险（≤10000亩）	500	2.5	30	30	15	25
		综合险（>10000亩）	500	2.5	30	30	–	40
浙江省	公益林	火灾险（欠发达县）	300	1.5	50	40	10	–
		火灾险（其他县）	300	1.5	50	20	30	–
	商品林	火灾险（欠发达县）	200~800	1.5	30	27	18	25
		火灾险（其他县）	200~800	1.5	30	18	27	25
		综合险（欠发达县）	500~800	6.0~8.0	30	27	18	25
		综合险（其他县）	500~800	6.0~8.0	30	18	27	25

综合4个案例省份的森林保险实施方案可以看出以下几个基本特点：

（1）从保险标的来看，4个案例省保险标的均为全省范围内的商品林和公益林。

（2）从投保模式来看，4个案例省中，福建省对省级以上的生态公益林以县为单位统一参保，江西对生态公益森林进行综合险统保，浙江对公益林试行政策性林木火灾保险统保，湖南省公益林保险以市、县为单位统一投保。而对于商品林保险则都采取自愿参保的形式。

（3）从保险险种来看，湖南省和福建省均只开展了综合险，未开展单项险。江西省则开展了商品林单项火灾险，浙江省商品林和公益林均开展了单项火灾险。综合险的责任范围包含了当地的主要自然灾害造成的林木损失，但不同省份间的承保灾害有所差异。湖南省则更为灵活，森林保险的责任范围可由保险人与投保人双方商议确定。

（4）保险金额的确定主要考虑灾后恢复造林成本，同时部分兼顾商品林的林龄与树种，公益林为300~800元/亩，商品林为200~1200元/亩；总体上商品林保额水平高于生态公益林。江西省、湖南省和浙江省商品林保险金额的确定考虑了林龄与树种，即政府部门只规定商品林保险金额的区间范围，具体金额由保险双方根据林木的林龄、树种等影响森林价值的因素商议确定；福建省的保险金额并不区分林种、林龄，所有投保森林实行统一的保险金额。

（5）费率包括统一费率和差异费率两种形式。福建省公益林和商品林采用统一的费率，其他 3 省分别公益林和商品林制定不同费率，公益林费率水平为1.5‰~4‰，商品林费率水平为 1.5‰~10‰。总体上看，商品林费率水平高于公益林费率水平。

（6）所有投保森林均纳入财政保费补贴范围，但不同省区、不同林种的补贴标准不同。福建省和湖南省公益林保费财政补贴 90%，江西省和浙江省公益林保费由财政补贴 100%；各省商品林财政补贴范围在 55% ~75% 之间。

（7）4 省均规定了绝对免赔额条款，绝对免赔标准根据投保面积大小和灾害类型不同而有所不同，一般按受损面积（或核损金额）的百分比计量，但以一定的绝对面积（或金额）为限；绝对免赔额度大多为受损面积的 10%（10 亩为限）。

（8）投保模式多样化。从投保模式看，公益林大多以省或县为单位统一投保为主要形式；商品林遵循自愿参保原则，主要模式为经营面积较大的国有林场、林业企业、林农专业合作组织和种植大户单独投保，经营面积较小的林农以乡镇或村为单位统一参保。

第 **9** 章

我国集体林区森林保险需求实证分析

9.1 调查数据来源和说明

9.1.1 调查数据来源和主要调查方法

为了对我国集体林区政策性森林灾害保险需求问题有进一步清晰的认识,本研究将选择林权制度改革已基本完成,且开展森林保险试点工作以及中央财政补贴试点较早的江西省、福建省、浙江省和湖南省作为案例点,在每个省内选择重点林业县,例如,江西省选择泰和、永新和遂川等市(县),福建省选择大田、光泽和邵武等市(县),浙江省选择桐庐、黄岩等市(县),湖南省选择浏阳、会同和怀化等市(县)。然后,以县为单位收集当地森林灾害保险实践的相关信息,同时通过对林农进行问卷调查获取林农对森林灾害保险需求的详细数据,剔除问卷回答内容有误、问卷不完整等因素造成的无效问卷,共收回有效问卷 376 份。

本研究主要调查方法为集体访谈法、随机入户调查。访谈法主要是采取半结构化的集体访谈形式,访谈的对象有基层林业单位工作人员、承担森林保险的保险公司代表、造林大户和林业公司代表、普通林农代表。集体访谈法涉及森林保险相关各主体,弥补了问卷调查方法限于问卷题目设置的局限性,通过访谈法能够获得不同角度的全面完整信息,作为对问卷调查信息的有效补充。

9.1.2 问卷内容设置

问卷设计采取 CVM 方法,问卷调查内容包括四部分:第一部分为林农的基本情况,包括林地面积、林业年收入、年龄、受教育程度等;第二部分为林农对森林灾害保险认知、现状与评价,包括林农面临森林灾害风险的种类、林农对保险的认知、林农参与保险的情况、林农对于森林灾害保险的看法等;第三部分为林农对森林灾害保险的投保意愿与需求,包括林农对森林灾害保险的投保意愿和支付意愿、林农对森林灾害保险具体规定的意见等;第四部分为效用函数实验。

9.2　林农参保情况及对森林保险制度的评价

9.2.1　林农参保情况分析

（1）林农参保率分析。根据调查资料反映，四省总体来看，政策性森林保险的参保率比较低，在被调查的农户中，有 62.24% 的农户当年没有购买政策性森林保险，只有 37.76% 的农户当年购买了森林保险（图 9-1）。其中，部分地区

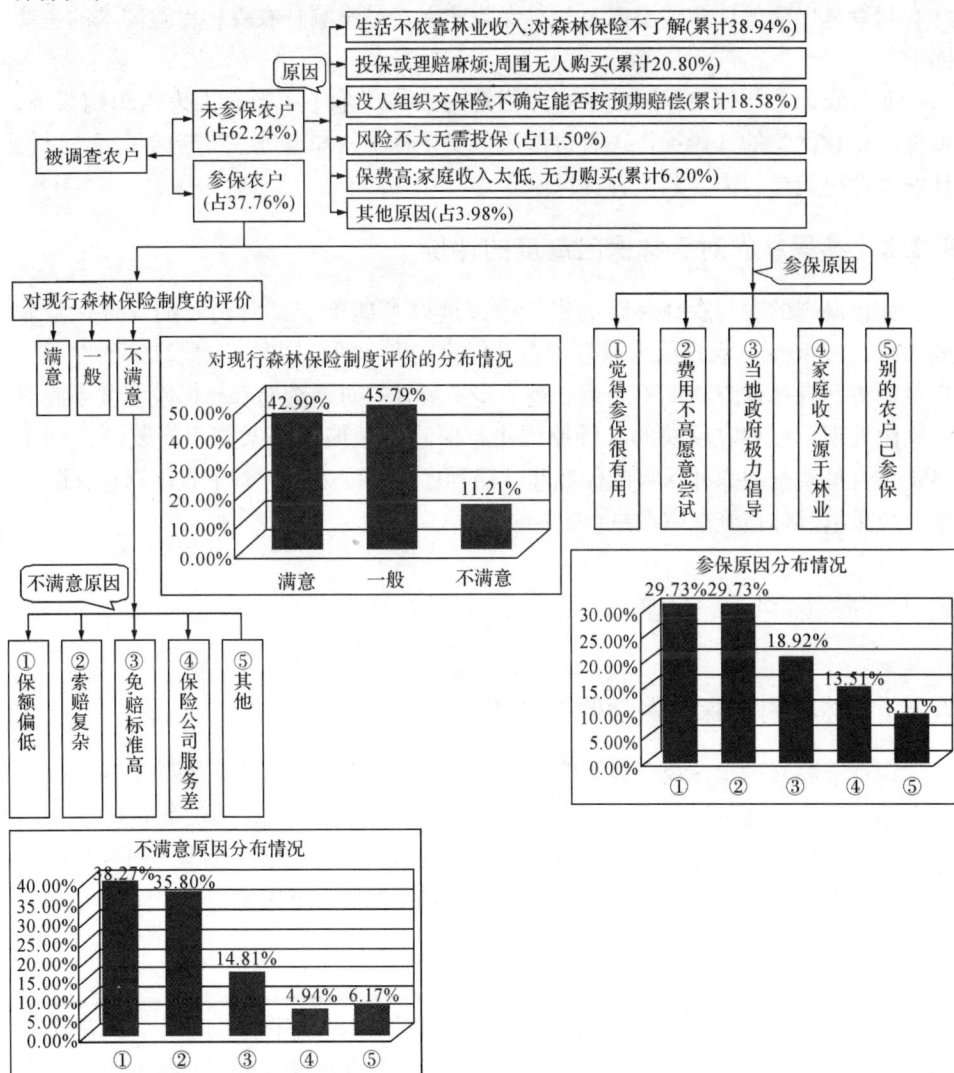

图 9-1　林农参保情况分析

(市、县)是以村为单位统一组织投保,这种情况森林保险参与率很高,而林农个人自主投保情况下的参保率就比较低。可见,虽然我国森林保险实践工作已取得一定进展,但总体来看,林农森林保险参保率有待进一步的提高。

(2)林农参保和未参保原因分析。为了进一步了解已参加森林保险的林农参保原因,进而初步了解林农森林保险需求的影响因素。调查结果表明:在林农参保的众多原因中,觉得参保有用或费用不高愿尝试的出现频率最高,然后依次是当地政府的极力倡导或要求、家庭收入主要来源于林业等(图9-1)。由此可见,林农对森林保险的认知情况以及森林保险的保费是影响林农森林保险需求的主要因素。

而林农未参与森林保险的主要原因是对森林保险不了解、无人组织购买等,可见,森林保险的宣传工作还有待深入,要让林农从知道进一步转向了解,以便林农理性决策是否需要购买森林保险。

9.2.2   参保林农对森林保险制度的评价

在被调查的参与森林保险的农户中,接近43%的农户对调查期森林保险制度满意,近46%的农户认为调查期森林保险制度一般,同时有11.21%的参保农户对调查期森林保险制度不满意。进一步了解林农对调查期森林保险制度不满意的原因发现:在林农反映的各种原因中,保险金额偏低和索赔程序复杂占到了74%,可见调查期森林保险的保额和索赔程序一定程度上抑制了我国森林保险需求,应采取具体措施加以改进(图9-1)。

9.3   林农对森林保险产品的评价分析

9.3.1   林农购买森林保险的关注点

调查资料显示,在众多林农购买森林保险会注重的因素中,保险金额、投保和索赔的方便快捷和保险费三者是林农最重视的,调查中出现频率为63%,因此,要想提高林农的森林保险参与率,确定适宜的保险金额和保险费非常重要;另外,投保和索赔程序方便快捷也是吸引林农参保的重要因素。

9.3.2   林农对保险责任范围的意愿

调查结果显示:火灾为当前林农认为最需要纳入森林保险的灾害,其次是冰冻雪灾和病虫鼠害,可见这三种灾害在集体林区的发生频率较高(表9-1)。调查期我国森林单项险只有森林火灾险,从调查结果来看,冰冻雪灾险和病虫鼠害险也是森林单项险的长期发展趋势，森林综合保险责任应该将这三种灾害均纳入其中，调查结果表明，调查期已实现。

表9-1　最应纳入森林保险的灾害统计

灾害种类	频次	频率(%)
火灾	247	38.35
冰冻雪灾	169	26.24
病虫鼠害	102	15.84
台风	40	6.21
泥石流	40	6.21
洪水	31	4.81
其他	15	2.33

9.3.3　林农对森林保险产品种类的意愿

调查资料显示，近68%的林农认为综合险是最适宜的险种；22%的林农认为考虑到部分地区林业自然灾害单一，故很有必要开展单项险；还有近10%的林农建议开展主险＋附加险，这样既能使得主要林业灾害得以承保，又能节约一定的保险成本，符合部分地区林农实际需求。

9.4　集体访谈分析结果

本次调研除在案例点进行问卷调查外，集体访谈也是收集有效信息的重要方式。通过集体访谈，可以从不同角度反映出森林保险存在的问题，集体访谈法涉及森林保险各个主体：林农、保险公司和林业部门。通过这样的访谈形式能够较直接全面地反映出调查期森林保险存在的一些问题。通过对案例省森林保险工作参与主体进行集体访谈，进而对从不同层面反映出的调查期森林保险存在的相关问题进行总结，具体情况如下：

9.4.1　林农层面

从林农层面看，主要是林农普遍保险意识淡薄，参保积极性较低。

(1)林农普遍保险意识淡薄。调查结果显示：调查期我国广大林农缺乏保险意识，对森林保险的认识还不够清晰，风险意识较弱，认为灾害发生可能性小，所以，当下意识不到森林保险给他们带来的益处。

(2)农民考虑到林地面积和保额、保费问题，不愿参保。例如，江西省泰和县国有林场全部统保，而散户基本没有进行保险，很多林农由于林地面积小、免赔起点高而不愿意参保。此外，当前确定的林木保险保费中个人承担的保费占到了40%，而相比农业保险中农民个人承担保费的20%，林农的积极性就小了一些。另外，林农也觉得保额标准偏低，真正发生灾害也无法弥补实际损失，再加之很多地方发生灾害的可能性很小，各种因素导致林农参保的积极性不高。

9.4.2　已参保造林大户层面

从已参保造林大户看，对森林保险的主要看法集中在理赔程序和理赔条款方面，具体如下：

（1）绝大部分已接受过理赔的林农认为调查期森林保险的理赔程序太复杂。例如：江西省泰和县发生灾害后理赔一般需要多次往返灾害现场，一般程序为：灾情上报—看火灾现场—技术人员鉴定火灾面积—第二年春天确定返青率—确定理赔额度，至少要去往灾害所在地三次以上，同时还要求参保人多次到保险公司商谈理赔事宜，从确定火灾面积，确定返青率，确定理赔额度等，林农认为理赔程序过于复杂，办理理赔的成本过高。

（2）绝大部分已接受过理赔的林农认为调查期森林保险理赔的时间太长，影响再造林及林业生产活动的开展。例如：江西省泰和县一般情况下，当年的火灾需要等到第二年春天查看返青率以后才能理赔。林农得到理赔款需要等到第二年的夏天。这样便耽搁了第二年的造林，林农只能在第三年才能开始造林，不仅增加了造林成本，还耽搁了1年林木生长的时间。增加造林成本主要是因为南方地区各种灌木杂草的生长速度非常快，1年时间几乎能够覆盖整个火灾区域，等到第三年造林时，清理林地的成本也就增加了，一般每亩林地需要增加成本100多元，若出现理赔偏少的情况，可能理赔的金额就同增加的造林成本相互抵消了。

（3）大部分林农认为，调查期森林保险免赔起点过高，林农认为利益受损。例如：调查期江西省泰和县保险公司确定的免赔率为10%或者15亩，要是低于15亩，按照10%免赔。造林大户，林地面积比较大，一般若是成熟林发生灾害，这部分免赔额少则几千元，多则数万元，因此，他们认为过高的免赔起点使他们承担着较大的经济损失，与购买森林保险的减损预期有差异。

（4）大部分林农认为，森林保险的赔期望值与实际赔付率有差异。例如：在江西省泰和县，首先，在发生灾害损失鉴定方面，林农与保险公司之间的认识存在差异。比如，一些林农认为发生森林火灾后造成的损失，保险公司方面则认为该部分森林还可以再返青，不能给予赔偿；另外，就调查期情况看来，火灾一旦出现，若火灾损失小，保险公司可能不能偿赔的现象，若火灾损失面积太大，为避免承担责任，各级政府可能会存在瞒报受灾面积，这样林农便得不到损失赔偿。其次，林农认为，保险条款规定与实际理赔情况也有差别。调查期保险公司灾后赔付的最高金额占约定保险金额的 70%，也就说即使损失 100%，也只能得到 70% 的赔付，具体体现在返青率上；而保险公司单方面认为返青率至少是30%，很多时候甚至定为 50%，对于林农来说这并不符合实际损失情况。

（5）大多数林农认为，森林保险确定返青率的方法不科学。例如：江西省泰和县的林农反映，实际情况下，不同树种不同龄级返青率是不同的。对于一些用材林树种，比如杉木，即使返青也难以成材，或者成材速度和质量严重下降，这也是一部分损失，但是保险公司确定为返青范围的便不予赔偿。以杉木为例，一般情况下，杉木林只要过火就基本无法继续生长，必须砍伐重新造林，这样林农每亩损失至少在 1000 元以上，而按照保险公司返青率的各种要求，最多只能赔付 210 元/亩。另外，对于中龄林以上的杉木，保险公司还要考虑杉木砍伐的部分收益，故赔付比例更低，一般情况下每亩杉木大约得到 100 多元的赔偿，远远弥补不了林农的损失。考虑到理赔过程的一些成本和参保成本，林农几乎就没有得到补偿，因此很多林农不愿意参保，特别是中龄林以后林农更没有参保积极性。

9.4.3　保险公司层面

从保险公司层面看，森林保险业务开展中存在的主要问题是理赔权限过小、核损技术复杂、经营效益不高等，具体如下：

（1）保险公司参与开展森林保险业务的积极性不够。例如，江西省泰和县的森林保险是由中国人民财产保险泰和县分公司承保，县级保险公司进行独立核算，政策保险一般利润较低甚至亏损，而上级保险公司对基层保险公司进行总体考核时并不分开考核，因而保险公司参与政策性森林保险的积极性不高。

（2）对于保险公司而言，调查期森林保险的投保面积不是很大，抗风险能力不足。例如，在江西省泰和县，调查期国有林场全部参与了森林保险，但投保面积总额仍然偏小。另外，由于南方火灾比较多，火灾险费率是 1‰，综合险（水灾、火灾、自然虫害、暴风暴雪等）费率是 4‰，因而再加上费率偏低的问题，保险公司所收取的保费数额太低，不能满足成本要求，导致保险公司无法抗击风险，经营压力大，故积极性不高。

（3）县级保险公司的理赔权限很小，带来了许多问题。例如，在理赔方面，江西省泰和县保险公司的理赔权限只能是 1 万元以下，超过 1 万元都需要上级批准，这样加大了县级保险公司理赔工作的难度。

（4）损失核查方面存在技术问题，加大了保险公司理赔难度。对于保险公司而言，林业保险是一个特殊的险种，当时江西省泰和县保险公司很难对林地自身的一些数据进行认定，损失的核查方面也存在一些技术层面的问题。比如对于火灾损失情况很难硬性监测和定性，损失量有多大，赔付多少，这类工作对于林业专业技术部门人员都比较困难，因此由保险公司和林农来确定保险损失的难度就更大了。

9.4.4　林业管理部门层面

从林业管理部门层面看，基层林业局认为森林保险主要存在以下三方面问题：

（1）森林保险推广工作难度大。基层林业部门普遍反映，由于要求林农承担部分保费和保额偏低等原因降低了林农投保的积极性，而作为保险公司由于森林保险的面积太小，所收取的保费数额太低，参与积极性也不高，因此这两方面的原因都导致森林保险推广的难度很大。

（2）调查期的公益林保险存在一定问题。县级林业部门普遍认为公益林保险也应该考虑到林木蓄积和林木质量问题。调查期的公益林由省级林业部门统一保险，赔偿后款项统一归省级林业部门管理，但是公益林的造林、各种灾害防治以及与保险公司进行损失鉴定等工作都由县级林业部门负责，所有成本也由县林业部门里承担，理赔工作也比较复杂，这不利于公益林保险的运行。因此，县级林业部门认为公益林投保后应由县市级管理部门具体进行管理，而不应该由省级部门统一管理。

（3）从森林防火的角度看，由于森林保险的存在导致各级森林防火部门存在消极怠工情况。例如，部分地区基层林业单位反映，森林火灾保险对森林防火部门并没有太多的促进作用。对于一些条件差、收益很低的林地，防火部门扑火积极性不高。此外，森林保险与防火部门责任之间存在矛盾，在调查期，防火部门规定，火灾受损面积若超过100亩要追究村领导责任；若超过500亩，要追究乡镇领导责任；若超过1000亩要追究县领导责任。因此，一般出现火灾都会积极救灾，表面的火灾损失一般都不会很大，但林农实际损失不小。这也影响了林农参与保险的积极性。如果确实出现较大火灾，各级政府若隐瞒上报受灾面积，林农便得不到保险公司赔付。这个问题应通过多个部门之间的协商尽快解决。

9.5　森林保险需求影响因素的实证分析

9.5.1　研究模型选择

9.5.1.1　模型选择依据

本研究采用最优尺度回归分析方法和 Logistic 回归分析方法结合使用，因为最优尺度回归分析可以分析多种类型的分类自变量和因变量，可以找出对被调查林农是否购买森林保险的显著影响因素。同时，由于最优尺度回归分析方法与Logistic 回归分析方法采用了不同的模型结构和拟合方法，故综合最优尺度回归分析方法与 Logistic 回归分析的方法的显著影响因素分析结果，能够达到尽可能提高分析结果全面性和可靠性的作用。另外，最优尺度回归分析方法的优势还在于，能够通过有序分类变量的转换图考察连续变量分组是否合理，为连续变量的分组优化提供了比较重要的参考依据；同时，最优尺度回归分析可以直接输出共线性诊断指标，为修正共线性变量提供参考基础。综合上述两点，最优尺度回归分析方法可作为 Logistic 回归分析方法在连续变量分组优化和共线性变量处理方面的重要预分析过程。此外，Logistic 回归分析结果是针对最优尺度回归分析结果对无序多分类变量只能分析影响因素是否具有显著影响、但无法判断其影响方向局限性的有效补充。通过多重对应分析的方法还可以分析未纳入 Logistic 模型的其他非显著变量对森林保险需求的影响情况，挖掘变量中对森林保险需求造成显著性影响的选项。

对分类变量进行分析的传统方法通常是直接建立处理分类变量相关模型，例如直接运用调查数据建立 Probit 模型或是 Logistic 模型，这样单一的分析方法对模型拟合效果的影响具有很大的局限性，不能保证充分挖掘有效信息。而最优尺度回归模型分析方法、Logistic 回归模型分析方法以及多重对应分析方法三者之间形成了有效的优势互补，综合运用这三种分析方法可很大程度的提高分析结果精度。

鉴于上述分析，本研究首先采用最优尺度回归分析方法和 Logistic 回归分析方法对问卷中可能影响被调查林农是否购买森林保险的 19 个因素进行综合分析，发掘具有显著统计意义的影响因素及其影响方式。之后，作为补充，利用多重对应分析方法绘制各个因素与林农是否购买森林保险的多重对应分析图，充分挖掘各个因素的多个水平与林农是否购买森林保险的联系紧密程度。最后，利用常规卡方检验等方法分析一些重要因素的不同水平对被调查林农购买森林保险与否是否具有显著差别的影响。

9.5.1.2　模型形式

（1）最优尺度回归。最优尺度回归不同于一般的回归分析，它允许因变量和自变量为各种类型的分类变量，在处理分类变量时有着独特的优越性。最优尺度变换专门用于解决在统计建模时对分类变量进行量化的问题，其基本思路是基于期望拟合的模型框架，分析自变量各分类等级对因变量影响的强弱变化情况，在保证变换后各变量间的联系成为线性的前提下，分析时采用一定的非线性变换方法对原始分类变量进行转换，之后通过迭代得到最优方程式，可以分析多种类型的分类自变量和因变量，连续变量亦可直接纳入模型中进行分析。将最优尺度变换技术应用于线性回归，即为最优尺度回归（张文彤，2004）。最优尺度回归模型的一般形式如下：

$$Y = \sum_{i=1}^{n} \beta_i X_i + e \tag{9-1}$$

本研究数据来源为问卷数据，故变量中以分类变量为主兼具连续变量，适合用最优尺度回归模型进行实证分析。利用最优尺度回归分析可以进行变量共线性诊断、可以优化连续变量的分组，最终找出对被调查林农是否购买森林保险造成影响的显著影响因素。

（2）Logistic 回归模型。Logistic 回归分析广泛应用于因变量为二分类别变量的回归模型，此类二分类别变量的编码非 0 即 1。Logistic 回归分析的中心概念是 logit（逻辑），它是胜算（odds）的自然对数。若 p 表示事件发生的概率、$1-p$ 表示事件不发生的概率，则事件发生的概率与不发生的概率分别为：

事件发生的概率与函数 $f(x)$ 的关系为：

$$P = \frac{e^{f(x)}}{1 + e^{f(x)}} \tag{9-2}$$

事件不发生的概率与函数 $f(x)$ 关系为：

$$1 - P = \frac{1}{1 + e^{f(x)}} \tag{9-3}$$

则胜算：

$$\text{odds} = \frac{p}{1-p} = \frac{\dfrac{e^{f(x)}}{1 + e^{f(x)}}}{\dfrac{1}{1 + e^{f(x)}}} = e^{f(x)} \tag{9-4}$$

由于胜算不是线性模型，若是取其自然对数就可以转换为线性方程，胜算自然对数转换如下：

$$\ln\left[\frac{p}{1-p}\right] = \ln\left[e^{f(x)}\right] = f(x) = B_0 + B_1 X_1 + B_2 X_2 + \cdots + B_k X_k \tag{9-5}$$

式中：K——表示自变量的个数。

本研究中，因变量(Y)为二分类别变量，适用于本模型。其中，p表示林农购买森林保险的概率，$1-p$表示林农不购买森林保险的概率。

9.5.2　森林保险需求影响因素的最优尺度回归分析过程

9.5.2.1　模型变量说明

结合调查问卷题目及实际情况，把问卷中涉及可能对森林保险需求造成影响的因素均纳入最优尺度回归分析模型(9-1)中，具体变量见表9-2。

表 9-2　模型变量说明 1

变量	变量名称/变量单位	变量类型	变量定义	预期作用方向
被解释变量	当年是否购买了森林保险(Y)	虚拟变量	1 = 购买；0 = 没有购买	
解释变量	林地总面积/亩($X1$)	连续变量	家庭拥有林地总面积(亩)	正向
	林业年收入/元($X2$)	连续变量	家庭林业年收入(元)	正向
	家庭年总收入/元($X3$)	连续变量	家庭年总收入(元)	正向
	林业年收入占家庭年总收入的比例/%($X4$)	连续变量	林业年收入占家庭年总收入的比重(%)	正向
	受调查林农年龄/岁($X5$)	连续变量	受调查林农的年龄(岁)	负向
	家庭成员最高学历($X6$)	分类变量	1 = 未接受过正式教育；2 = 小学；3 = 初中；4 = 高中/中专；5 = 大专或本科以上	正向
	是否有人外出务工($X7$)	虚拟变量	1 = 有；2 = 没有	正向
	家庭从事林业生产的时间/年($X8$)	连续变量	农户从事林业生产的时间(年)	正向
	林地每年投资额/元($X9$)	连续变量	农户每年林地投资额(元)	正向
	是否购买过保险($X10$)	虚拟变量	1 = 有购买过；2 = 没有购买过	正向
	是否购买过森林保险($X11$)	虚拟变量	1 = 有购买过；2 = 没有购买过	正向
	是否知道森林保险($X12$)	虚拟变量	1 = 知道；2 = 不知道	正向
	如何认识森林保险($X13$)	分类变量	1 = 惠农政策；2 = 上级安排的任务；3 = 等同商业保险；4 = 其他	负向
	过去3年是否受过灾害($X14$)	虚拟变量	1 = 受过灾害；0 = 没有受过灾害	正向
	对森林保险投保和索赔程序的了解程度($X15$)	分类变量	1 = 很清楚；2 = 基本了解；3 = 不了解	负向
	林地所处的位置($X16$)	分类变量	1 = 山地；2 = 平地；3 = 丘陵；4 = 其他	待定
	种植的主要树种是否有毛竹($X17$)	分类变量	1 = 有毛竹；2 = 没有毛竹	负向
	主要林地性质($X18$)	分类变量	1 = 自留山；2 = 承包；3 = 流转；4 = 其他	待定
	林农所在村离县城的距离/里($X19$)	连续变量	林农所在村离县城的距离(里)	待定

9.5.2.2　自变量共线性诊断与处理

首先，利用最优尺度回归分析方法识别诊断自变量之间的共线性。将表 9-2 列出的 19 个自变量均纳入最优尺度回归分析模型中，利用 SPSS 17.0 对模型进行拟合，结果见表 9-3。

表 9-3　模型检验

	平方和	df	均方	F	Sig.
回归	213.200	82	2.600	4.745	0.000
残差	171.112	293	0.548		
总计	384.312	375			

由表 9-3 模型拟合结果可知模型通过检验，具有显著统计学意义。通过利用自变量相关性和容差指标作为共线性诊断工具，发现部分自变量容差指标值过小，因而，可判断自变量 $X1$（林农拥有林地面积）、$X2$（农户林业年收入）、$X3$（农户家庭年收入）、$X9$（林地年投资额）间具有较为明显的共线性趋势（表 9-4）。

表 9-4　模型自变量的相关性和容差

	相关性			重要性	容差	
	零阶	偏	部分		转换后	转换前
拥有林地	-0.130	-0.214	-0.142	0.050	0.409	0.395
林业年收入	0.018	-0.027	-0.018	-0.001	0.232	0.227
家庭总收入	-0.021	0.139	0.091	-0.006	0.259	0.260
年龄	-0.225	-0.220	-0.146	0.061	0.880	0.834
您的家庭成员最高学历	-0.070	0.135	0.089	-0.012	0.750	0.724
您的家庭过去或现在是否有人外出务工	0.028	0.177	0.117	0.006	0.910	0.869
您或家人从事林业生产的时间	-0.089	0.122	0.080	-0.013	0.827	0.746
您在林地上每年的投资为多少元	-0.018	0.096	0.063	-0.002	0.638	0.639
您买过保险吗	0.155	0.054	0.035	0.010	0.883	0.871
是否购买过森林保险	0.556	0.481	0.356	0.424	0.653	0.665
您知道有森林保险这一类险种吗	0.346	0.172	0.114	0.081	0.703	0.694
您如何认识森林保险	0.104	0.212	0.141	0.027	0.874	0.891
过去 3 年林地是否受灾	0.062	0.243	0.163	0.019	0.796	0.798
您是否了解森林保险投保和索赔程序	0.469	0.365	0.255	0.233	0.791	0.699
您家林地所处的位置	0.162	0.189	0.125	0.038	0.841	0.840
主要树种有无毛竹	0.068	0.148	0.097	0.014	0.719	0.713
您家林地的性质	0.138	0.192	0.127	0.034	0.802	0.784
距离	-0.239	-0.118	-0.077	0.039	0.678	0.658

因变量：Y。

综合自变量实际意义，对存在较为严重共线性的自变量做如下处理：保留 $X1$（林农拥有林地面积）；用 $X2$（农户林业年收入）和 $X3$（农户家庭年收入）的相对指标 $X4$（农户林业收入占农户家庭收入比例）代替 $X2$ 和 $X3$ 纳入模型；用 $X9$（林地年投资额）与 $X1$（林农拥有林地面积）的相对指标 $X9'$（每亩平均投资额）替代 $X9$（林地年投资额）纳入模型。

9.5.2.3 连续型变量分组优化

对连续型自变量 $X1$（林农林地总面积）、$X4$（林业收入占家庭总收入比例）、$X5$（年龄）、$X9'$（每亩平均投资额）和 $X19$（调查林地离县城距离）进行统计描述，描述分析结果发现 $X1$、$X9'$ 与 $X19$ 的数据范围过大[例如 $X9'$（每亩林地平均年投资额）的最大值为 2000 元而最小值仅为 0 元]且存在明显离群点，可能对拟合模型的准确性和稳定性造成影响。

由于实证分析过程的主要功能是探究而非预测，研究结果表明林地总面积、每亩年平均投资额和调查林地离县城距离等自变量作为定序分类变量也能达到探究显著影响因素和影响方式的作用，因此将上述 3 个变量做分组处理转化为定序变量。以数据的百分位数为依据将上述 3 个连续型变量划分为 5 组，具体分组标准如下：

$X1c$（林地总面积，亩）分组：

$[0，13]$、$(13，40]$、$(40，120]$、$(120，1000]$、$(1000，最大值)$

$X9'c$（每亩年平均投资额，元）分组：

$[0，10]$、$(10，40]$、$(40，100]$、$(100，500]$、$(500，最大值)$

$X19c$（调查林区离县城距离，公里）分组：

$[0，20]$、$(20，40]$、$(40，66.5]$、$(66.5，135]$、$(135，最大值)$

最后，对存在较严重共线性的自变量和不适合纳入模型的连续型自变量所做处理为：剔除 $X2$（农户林业年收入）和 $X3$（农户家庭年收入），将 $X4$（林业年收入占家庭年收入比例）纳入方程；将 $X9'$（林地每年每亩平均投资额）替代 $X9$（林地年投资额）；将 $X1$（林农林地总面积）、$X9'$（林地每年每亩平均投资额）和 $X19$（调查林场离县城距离）按照百分位数划分的分类定序变量纳入方程。其他自变量不变。将调整后的自变量纳入最优尺度回归方程进行拟合，得到上述三个分类定序自变量的转换图如下。

由图 9-2 可知，$X1c$（林农林地总面积）的分组不合理，5 个组在模型中显现出 3 个水平，前三组在模型中表现出对 Y（是否购买森林保险）的影响水平相似。根据转换图，对 $X1c$（林地总面积）的分组划分优化调整为 $X1cc$——$[0，40]$、$(40，100]$、$(100，最大值)$。

同理，根据图 9-3 对 $X9'c$ 每亩年投资额的分组划分优化也调整为三个分组水平，即 $X9'cc$——$[0，10]$、$(10，100]$、$(100，最大值)$。

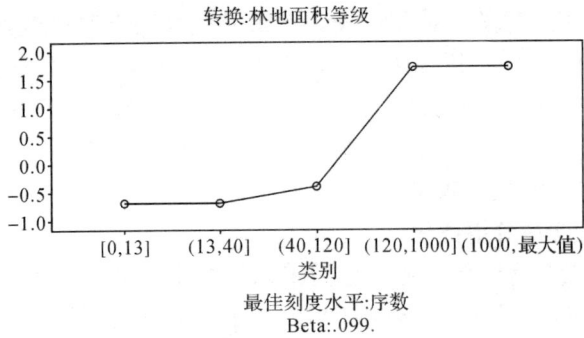

图 9-2　*X*1c 转换图

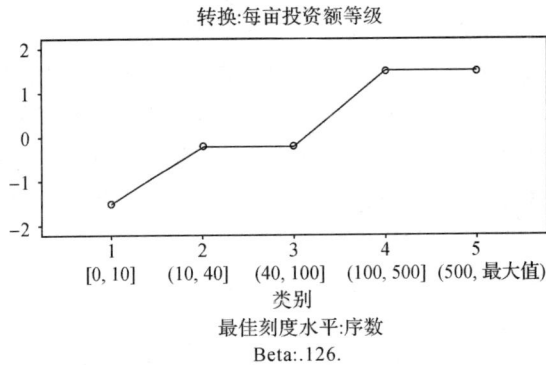

图 9-3　*X*9′c 转换图

同理，根据图 9-4 将 *X*19c（林场离县城距离）的分组划分优化调整为三个水平，即 *X*19cc——[0，66.5]、(66.5，130]、(135，最大值)。

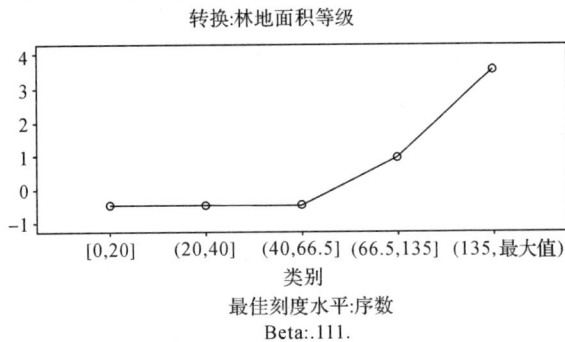

图 9-4　*X*19c 转换图

优化后的分组在不明显改变自变量解释效果的前提下减少了分组数目，预期会对提高最优尺度回归和 Logistic 回归模型精度有所帮助。

9.5.2.4　最优尺度回归模型拟合

（1）最终纳入最优尺度回归模型的变量见表 9-5。

表 9-5　模型变量说明 2

变量	变量名称/变量单位	变量类型	变量定义	预期作用方向
被解释变量	当年是否购买了森林保险（Y）	虚拟变量	1 = 购买；0 = 没有购买	
解释变量	林地总面积/亩（X1cc）	分类变量	家庭拥有林地总面积（亩）	正向
	林业年收入占家庭年总收入的比例/%（X4）	连续变量	林业年收入占家庭年总收入的比重（%）	正向
	受调查林农年龄/岁（X5）	连续变量	受调查林农的年龄（岁）	负向
	家庭成员最高学历（X6）	分类变量	1 = 未接受过正式教育；2 = 小学；3 = 初中；4 = 高中/中专；5 = 大专或本科以上	正向
	是否有人外出务工（X7）	虚拟变量	1 = 有；2 = 没有	正向
	家庭从事林业生产的时间/年（X8）	分类变量	1 = 1 年以下；2 = 2 ~ 5 年；3 = 5 ~ 10 年；4 = 10 ~ 20 年；5 = 20 年以上	正向
	林地每年每亩平均投资额/元（X9′cc）	分类变量	农户每年林地投资额（元）	正向
	是否购买过保险（X10）	虚拟变量	1 = 有购买过；2 = 没有购买过	正向
	是否购买过森林保险（X11）	虚拟变量	1 = 有购买过；2 = 没有购买过	正向
	是否知道森林保险（X12）	虚拟变量	1 = 知道；2 = 不知道	正向
	如何认识森林保险（X13）	分类变量	1 = 惠农政策；2 = 上级安排的任务；3 = 等同商业保险；4 = 其他	负向
	过去 3 年是否受过灾害（X14）	虚拟变量	1 = 受过灾害；2 = 没有受过灾害	正向
	对森林保险投保和索赔程序的了解程度（X15）	分类变量	1 = 很清楚；2 = 基本了解；3 = 不了解	负向
	林地所处的位置（X16）	分类变量	1 = 山地；2 = 平地；3 = 丘陵；4 = 其他	待定
	种植的主要树种是否有毛竹（X17）	分类变量	1 = 有毛竹；2 = 没有毛竹	负向
	主要林地性质（X18）	分类变量	1 = 自留山；2 = 承包；3 = 流转；4 = 其他	待定
	林农所在村离县城的距离/里（X19cc）	分类变量	林农所在村离县城的距离（里）	待定

（2）最终模型拟合结果和模型检验结果见表 9-6、表 9-7。

表9-6　模型拟合结果

模型汇总			
多 R	R^2	调整 R^2	明显预测误差
0.753	0.567	0.452	0.433

表9-7　模型检验

	平方和	df	均方	F	Sig.
回归	209.440	77	2.720	4.924	0.000
残差	164.496	298	0.552		
总计	373.936	375			

表9-6 模型拟合结果显示模型调整后 R^2 为 0.452，在实际分析中，该拟合优度水平已经非常高。另外，表9-7 模型检验结果显示模型通过检验，具有统计学意义。

（3）模型拟合结果见表9-8。

表9-8　模型系数

	标准系数		df	F	Sig.
	Beta	标准误差的 Bootstrap （1000）估计			
年龄	-0.063	0.073	1	0.736	0.393
您的家庭成员最高学历	0.066	0.114	3	0.329	0.804
您的家庭过去或现在是否有人外出务工	0.105	0.057	2	3.425	0.036
您或家人从事林业生产的时间	0.107	0.126	3	0.725	0.539
您买过保险吗	0.020	0.037	1	0.284	0.595
是否购买过森林保险	0.469	0.097	1	23.501	0.000
您知道有森林保险这一类险种吗	0.114	0.058	1	3.931	0.050
您如何认识森林保险	0.168	0.067	3	6.305	0.001
过去3年林地是否受灾	0.164	0.062	1	7.086	0.009
您是否了解森林保险投保和索赔程序	0.328	0.082	2	16.075	0.000
您家林地所处的位置	0.157	0.067	2	5.426	0.006
主要树种有无毛竹	0.089	0.072	1	1.539	0.217
您家林地的性质	0.065	0.056	3	1.341	0.265

（续）

	标准系数		df	F	Sig.
	Beta	标准误差的 Bootstrap（1000）估计			
林业年收入占家庭年总收入的比例	−0.104	0.091	1	1.317	0.254
林地面积等级	0.128	0.091	1	1.998	0.160
每亩投资额等级	0.132	0.090	2	2.156	0.121
距离等级	−0.108	0.081	2	1.803	0.170

因变量：Y。

从表 9-8 结果看出，在 5% 的显著水平下，具有统计学意义的自变量，即对因变量 Y 是否购买森林保险具有显著影响的因素为：$X7$（您的家庭过去或现在是否有人外出务工）、$X11$（是否购买过森林保险）、$X12$（是否知道森林保险）、$X13$（如何认识森林保险）、$X14$（过去 3 年是否受灾）、$X15$（对森林保险投保和理赔程序了解程度）、$X16$（林地位置）。最优尺度回归模型的估计方程如下：

$$Y = 0.105X7 + 0.469X11 + 0.114X12 + 0.168X13$$
$$+ 0.164X14 + 0.328X15 + 0.157X16 \tag{9-6}$$

对以上模型结果解释如下：有序分类变量 $X11$、$X12$、$X14$、$X15$ 对 Y 均呈现正向影响，即购买过森林保险知道森林保险、过去 3 年受过灾、对森林保险投保和理赔程序越了解的林农更倾向于购买森林保险；而无序分类变量对 Y 的影响则无法判断。

（4）进一步对模型结果进行解释。

表 9-9 相关性和容差表结果显示：在对原本呈现出较强共线性自变量进行处理后，模型共线性问题得到了较好的控制。可见，优化后的模型结果具有较强参考价值。

表 9-9　相关性和容差

	相关性			重要性	容差	
	零阶	偏	部分		转换后	转换前
年龄	−0.115	−0.082	−0.054	0.013	0.754	0.743
您的家庭成员最高学历	−0.079	0.086	0.057	−0.009	0.755	0.755
您的家庭过去或现在是否有人外出务工	−0.003	0.146	0.097	0.000	0.855	0.859
您或家人从事林业生产的时间	−0.087	0.141	0.094	−0.016	0.764	0.769

（续）

	相关性			重要性	容差	
	零阶	偏	部分		转换后	转换前
您买过保险吗	0.155	0.028	0.018	0.005	0.881	0.876
是否购买过森林保险	0.556	0.505	0.385	0.459	0.674	0.672
您知道有森林保险这一类险种吗	0.346	0.141	0.094	0.070	0.673	0.698
您如何认识森林保险	0.100	0.236	0.160	0.030	0.899	0.916
过去3年林地是否受灾	0.062	0.221	0.149	0.018	0.823	0.829
您是否了解森林保险投保和索赔程序	0.490	0.393	0.281	0.284	0.737	0.714
您家林地所处的位置	0.169	0.216	0.145	0.047	0.863	0.867
主要树种有无毛竹	0.068	0.111	0.074	0.011	0.685	0.675
您家林地的性质	0.127	0.089	0.059	0.015	0.813	0.792
林业收入占家庭收入比例	0.009	−0.121	−0.080	−0.002	0.591	0.567
林地面积等级	0.050	0.155	0.103	0.011	0.645	0.619
每亩投资额等级	0.101	0.171	0.114	0.024	0.752	0.798
距离等级	−0.222	−0.141	−0.093	0.042	0.744	0.724

因变量：Y。

另外，各显著性因素中对森林保险需求的影响重要性最大的两个是：$X11$（0.459）与$X15$（0.284），累计占71.7%。其他因素对森林保险需求的影响重要性程度由大到小依次为：$X12 > X16 > X13 > X14 > X7$。

9.5.3　森林保险需求影响因素的 Logistic 回归模型拟合

9.5.3.1　变量说明

建立 Logistic 模型所用变量见表9-5，即将通过最优尺度回归分析修正多重共线性和优化分组后的变量。

9.5.3.2　Logistic 回归模型拟合预分析

根据 Logistic 模型的特点，多分类变量需按照设置哑变量的方法纳入方程。由于建模涉及的自变量数量较多，且多分类变量占据一定比例，因此最终建立的模型可能过于复杂从而影响模型精度和稳定性。将多分类有序变量定义为连续变量直接纳入方程（而非采用设置哑变量）可以大大减少模型哑变量数量，优化 Logistic 回归模型结构。

自变量中的多分类定序变量有 $X1cc$、$X6$、$X8$、$X9'cc$、$X15$、$X19c$。此类能否以连续变量的形式直接纳入方程需要有一个前提条件，即定序等级分组域 Logit P 呈线性关系，其效应等比例增加或减少。如果该前提不满足则只能将分类变量当作无序型采用哑变量方法纳入方程。

　　判断某个多分类有序变量能否以连续型变量的形式直接纳入方程可以采用似然比检验的方法。在其他自变量固定不变的条件下，先将多分类有序变量作为数值型变量引入模型，求得模型-2对数似然值(-2log likelihood)；在上一个模型基础上，将其作为分类变量引入模型，利用哑变量进行分析求得模型-2log likelihood；利用两个模型-2log likelihood 之差进行似然比检验，若 $P > 0.05$ 则两个模型无显著差别，说明线性前提成立，可将该多分类有序变量作为连续变量直接纳入方程。

　　在利用最优尺度回归分析方法控制了自变量多重共线性、优化了 $X1$(林地面积)、$X9'$(每亩投资额)和 $X19$(调查林地离县城距离)三个自变量的分组划分后，现将 $X1cc$、$X4$、$X5$、$X6$、$X7$、$X8$、$X9'cc$、$X10$、$X11$、$X12$、$X13$、$X14$、$X15$、$X16$、$X17$、$X18$、$X19c$ 作为纳入的自变量方程，将 Y(是否购买森林保险)作为因变量。

　　采用上述办法，在纳入模型的其他 16 个自变量固定不变的条件下，利用 SPSS 将 $X1cc$ 作为数值型变量拟合模型；在上一个模型基础上，将其作为分类变量拟合模型，利用哑变量进行分析；得到的似然比检验结果见表9-10。

表 9-10　模型似然比检验

	卡方	df	Sig.
检验结果	0.469	1	0.493

　　可见将 $X1cc$ 分别以数值型变量直接纳入模型和多分类变量哑变量方式纳入模型，得到的模型没有显著差别。因此 $X1cc$ 能够以连续变量的形式直接纳入模型。

　　采用同样办法，得到自变量 $X6$、$X8$、$X9'cc$、$X15$、$X19c$ 的似然比检验结果(P 值)分别为 1.000、0.304、0.874、0.066、0.446。除 $X15$ 的似然比检验结果与阈值 0.05 相近外，其他多分类有序变量的似然比结果均明显大于 0.05。而 $X15$ 的似然比检验结果 P 值虽然略微大于 0.05，但仍旧以哑变量形式纳入方程。

9.5.3.3　Logistic 回归模型拟合

　　(1)模型变量说明。自变量纳入模型的方式为：多分类无序变量 $X13$(如何认识森林保险)、$X15$(对森林保险和索赔程序了解程度)、$X16$(林地位置)、$X18$(主要林地性质)以哑变量形式纳入方程，其他自变量直接纳入方程。

　　(2)模型拟合方法介绍。本文使用 SPSS 19.0 采用逐步回归方法进行 Logistic 回归方程的拟合。

　　具体采用四种逐步回归法：向前条件逐步回归、向前 Wald 逐步回归、向后条件逐步回归、向后 Wald 逐步回归。

①向前条件逐步回归法即变量一律根据比分检验的概率大小依次进入方程，变量移出方程则依据条件参数似然比检验结果；

②向前 Wald 逐步回归中变量进入方程方法与向前条件逐步回归法相同，变量移出方程则依据 Walds 检验结果；

③向后条件逐步回归是依据条件参数似然比检验结果将变量依次移出方程；

④向后 Wald 逐步回归是依据 Walds 检验结果将变量依次移出方程。

（3）Logistic 逐步回归模型的拟合过程：

① Logistic 向前条件逐步回归模型的拟合见表9-11 至表9-14。

表 9-11　模型系数的综合检验

		卡方	df	Sig.
步骤 1	步骤	45.618	1	0.000
	块	45.618	1	0.000
	模型	45.618	1	0.000
步骤 2	步骤	17.860	2	0.000
	块	63.478	3	0.000
	模型	63.478	3	0.000
步骤 3	步骤	9.653	1	0.002
	块	73.132	4	0.000
	模型	73.132	4	0.000
步骤 4	步骤	9.714	2	0.008
	块	82.845	6	0.000
	模型	82.845	6	0.000

表 9-12　模型汇总

步骤	-2 对数似然值	Cox & Snell R^2	Nagelkerke R^2
1	144.912[a]	0.272	0.370
2	127.052[b]	0.356	0.486
3	117.399[b]	0.398	0.543
4	107.685[b]	0.437	0.596

注：a. 因为参数估计的更改范围小于0.001，所以估计在迭代次数 4 处终止。

b. 因为已达到最大迭代次数，所以估计在迭代次数 20 处终止。无法找到最终解。

表 9-13　分类表

			预测准确率（%）
步骤 1	Y_{new}	没有购买森林保险	83.3
		购买了森林保险	72.2
		总计百分比	79.2

（续）

			预测准确率（%）
步骤 2	Y_{new}	没有购买森林保险	83.3
		购买了森林保险	75.9
		总计百分比	80.6
步骤 3	Y_{new}	没有购买森林保险	87.8
		购买了森林保险	64.8
		总计百分比	79.2
步骤 4	Y_{new}	没有购买森林保险	88.9
		购买了森林保险	72.2
		总计百分比	82.6

表 9-14　方程中的变量

		B	S. E,	Wals	df	Sig.	Exp（B）
步骤 1	X11	-2.565	0.415	38.181	1	0.000	0.077
	常量	3.520	0.670	27.589	1	0.000	33.800
步骤 2	X11	-2.172	0.454	22.856	1	0.000	0.114
	X15			4.026	2	0.134	
	X15（1）	21.775	11420.636	0.000	1	0.998	2.863×10^{-9}
	X15（2）	0.929	0.463	4.026	1	0.045	2.533
	常量	2.362	0.788	8.988	1	0.003	10.607
步骤 3	X11	-2.331	0.489	22.763	1	0.000	0.097
	X15			5.293	2	0.071	
	X15（1）	21.800	11074.457	0.000	1	0.998	2.935×10^{-9}
	X15（2）	1.125	0.489	5.293	1	0.021	3.081
	X19cc	1.164	0.382	9.278	1	0.002	3.204
	常量	0.903	0.918	0.966	1	0.326	2.466
步骤 4	X11	-2.685	0.544	24.392	1	0.000	0.068
	X15			6.973	2	0.031	
	X15（1）	22.379	10379.894	0.000	1	0.998	5.239×10^{-9}
	X15（2）	1.403	0.531	6.973	1	0.008	4.067
	X16			7.645	2	0.022	
	X16（1）	1.987	0.718	7.645	1	0.006	7.290
	X16（2）	-16.752	20096.485	0.000	1	0.999	0.000
	X19cc	1.124	0.409	7.553	1	0.006	3.077
	常量	-0.205	1.038	0.039	1	0.844	0.815

注：在步骤 1 中输入的变量为 X11；在步骤 2 中输入的变量为 X15；在步骤 3 中输入的变量为 X19cc；在步骤 4 中输入的变量为 X16。

② Logistic 向前 Wald 逐步回归模型的拟合结果见表 9-15 至表 9-18。

表 9-15　模型系数综合检验

		卡方	df	Sig.
步骤 1	步骤	45.618	1	0.000
	块	45.618	1	0.000
	模型	45.618	1	0.000
步骤 2	步骤	17.860	2	0.000
	块	63.478	3	0.000
	模型	63.478	3	0.000

表 9-16　模型汇总

步骤	−2 对数似然值	Cox & Snell R^2	Nagelkerke R^2
1	144.912a	0.272	0.370
2	127.052b	0.356	0.486

注：a. 因为参数估计的更改范围小于 0.001，所以估计在迭代次数 4 处终止。

b. 因为已达到最大迭代次数，所以估计在迭代次数 20 处终止。无法找到最终解。

表 9-17　分类表

			预测准确率（%）
步骤 1	Y_{new}	没有购买森林保险	83.3
		购买了森林保险	72.2
		总计百分比	79.2
步骤 2	Y_{new}	没有购买森林保险	83.3
		购买了森林保险	75.9
		总计百分比	80.6

表 9-18　方程中的变量

		B	S. E,	Wals	df	Sig.	Exp（B）
步骤 1	$X11$	−2.565	0.415	38.181	1	0.000	0.077
	常量	3.520	0.670	27.589	1	0.000	33.800
步骤 2	$X11$	−2.172	0.454	22.856	1	0.000	0.114
	$X15$			4.026	2	0.134	
	$X15(1)$	21.775	11420.636	0.000	1	0.998	2.863×10^{-9}
	$X15(2)$	0.929	0.463	4.026	1	0.045	2.533
	常量	2.362	0.788	8.988	1	0.003	10.607

注：在步骤 1 中输入的变量为 $X11$；在步骤 2 中输入的变量为 $X15$；由于移去最不显著的变量会产生预先拟合的模型，所以步进过程停止。

③ Logistic 向后条件逐步回归模型的拟合结果见表 9-19 至表 9-22（步骤 1 至步骤 8 略去）。

表 9-19　模型系数综合检验

		卡方	df	Sig.
	步骤	-1.703	1	0.192
步骤 9	块	101.856	13	0.000
	模型	101.856	13	0.000
	步骤	-2.068	1	0.150
步骤 10	块	99.788	12	0.000
	模型	99.788	12	0.000
	步骤	-4.539	2	0.103
步骤 11	块	95.249	10	0.000
	模型	95.249	10	0.000

注：负卡方值表示卡方值已从上一步中减小。

表 9-20　模型汇总

步骤	-2 对数似然值	Cox & Snell R^2	Nagelkerke R^2
9	88.674a	0.507	0.691
10	90.742a	0.500	0.681
11	95.281a	0.484	0.660

注：a. 因为已达到最大迭代次数，所以估计在迭代次数 20 处终止。无法找到最终解。

表 9-21　分类表

			预测准确率（%）
	Y_{new}	没有购买森林保险	93.3
步骤 9		购买了森林保险	83.3
		总计百分比	89.6
	Y_{new}	没有购买森林保险	91.1
步骤 10		购买了森林保险	83.3
		总计百分比	88.2
	Y_{new}	没有购买森林保险	87.8
步骤 11		购买了森林保险	81.5
		总计百分比	85.4

表9-22　方程中的变量

		B	S. E,	Wals	df	Sig.	Exp（B）
步骤9	X1cc	-0.506	0.337	2.260	1	0.133	0.603
	X7	-0.829	0.593	1.954	1	0.162	0.437
	X11	-3.361	0.730	21.194	1	0.000	0.035
	X12	-19.835	7211.249	0.000	1	0.998	0.000
	X13			4.261	3	0.235	
	X13（1）	20.348	13062.210	0.000	1	0.999	6.873×10^{-8}
	X13（2）	18.368	13062.211	0.000	1	0.999	9.489×10^{-7}
	X13（3）	19.355	13062.211	0.000	1	0.999	2.544×10^{-8}
	X14	2.673	0.976	7.496	1	0.006	14.483
	X15			5.082	2	0.079	
	X15（1）	22.289	10666.264	0.000	1	0.998	4.785×10^{-9}
	X15（2）	1.477	0.655	5.082	1	0.024	4.378
	X16			4.598	2	0.100	
	X16（1）	1.696	0.791	4.598	1	0.032	5.452
	X16（2）	-14.414	15704.660	0.000	1	0.999	0.000
	X17	-1.413	0.693	4.160	1	0.041	0.244
	常量	3.780	14920.572	0.000	1	1.000	43.798

a. 在步骤1中输入的变量：X1cc, X4, X5, X6, X7, X8, X9newcc, X10, X11, X12, X13, X14, X15, X16, X17, X18, X19cc.

④ Logistic 向后 Wald 逐步回归模型的拟合结果见表9-23至表9-26（步骤1至步骤11略去）。

表9-23　模型系数综合检验

		卡方	df	Sig.
步骤12a	步骤	-1.189	1	0.275
	块	87.555	8	0.000
	模型	87.555	8	0.000
步骤13a	步骤	-2.232	1	0.135
	块	85.323	7	0.000
	模型	85.323	7	0.000
步骤14a	步骤	-2.478	1	0.115
	块	82.845	6	0.000
	模型	82.845	6	0.000

注：负卡方值表示卡方值已从上一步中减小。

表9-24 模型汇总

步骤	-2 对数似然值	Cox & Snell R^2	Nagelkerke R^2
12	102. 975^a	0. 456	0. 621
13	105. 207^a	0. 447	0. 609
14	107. 685^a	0. 437	0. 596

注: a. 因为已达到最大迭代次数, 所以估计在迭代次数 20 处终止。无法找到最终解。

表9-25 分类表

			预测准确率(%)
步骤 12	Ynew	没有购买森林保险	90. 0
		购买了森林保险	75. 9
		总计百分比	84. 7
步骤 13	Ynew	没有购买森林保险	90. 0
		购买了森林保险	72. 2
		总计百分比	83. 3
步骤 14	Ynew	没有购买森林保险	88. 9
		购买了森林保险	72. 2
		总计百分比	82. 6

表9-26 方程中的变量

		B	S. E,	Wals	df	Sig.	Exp (B)
步骤 12	$X7$	-0. 860	0. 556	2. 397	1	0. 122	0. 423
	$X11$	-3. 048	0. 616	24. 497	1	0. 000	0. 047
	$X14$	1. 052	0. 705	2. 226	1	0. 136	2. 863
	$X15$			7. 283	2	0. 026	
	$X15(1)$	22. 693	10403. 271	0. 000	1	0. 998	$7. 167 \times 10^{-9}$
	$X15(2)$	1. 499	0. 555	7. 283	1	0. 007	4. 476
	$X16$			7. 397	2	0. 025	
	$X16(1)$	2. 063	0. 759	7. 397	1	0. 007	7. 872
	$X16(2)$	-17. 024	19798. 974	0. 000	1	0. 999	0. 000
	$X19cc$	1. 116	0. 430	6. 734	1	0. 009	3. 053
	常量	0. 256	1. 517	0. 028	1	0. 866	1. 292

注: a. 在步骤 1 中输入的变量: $X1cc$, $X4$, $X5$, $X6$, $X7$, $X8$, $X9newcc$, $X10$, $X11$, $X12$, $X13$, $X14$, $X15$, $X16$, $X17$, $X18$, $X19cc$.

（4）模型拟合结果：由以上结果可知，Logistic 向后条件逐步回归的模型通过检验，方程的预测准确率 89.6%，在四种方法中预测准确率最高。模型方程如下：

$$\ln\left[\frac{p}{1-p}\right] = \ln\left[e^{f(x)}\right] = f(x) = 3.780 - 3.361X11 + 2.637X14$$

$$+ 1.477X15 + 1.696X16 \tag{9-7}$$

由前面研究结果可知，此模型中的显著变量有 $X11$、$X14$、$X15$、$X16$，模型通过检验，拟合效果较为理想。

（5）模型结果分析：

第一，Logistic 回归分析（逐步回归法）得到的显著影响因素中，按照在四种方法拟合的模型中出现的频率由高到低排序为 $X11$（是否购买过森林保险）、$X15$（对森林保险投保和理赔程序的了解程度）、$X16$（林地位置）、$X19cc$（调查林地离县城距离）、$X14$（过去 3 年林地是否受灾）。

第二，Logistic 回归结果分析：从 Logistic 回归分析输出的系数表格中，Exp(B) 代表了自变量高水平和低水平相比，导致因变量向高水平（在此处即向购买森林保险）方向发展的作用强度。由模型结果输出的 EXP(B) 值可知，$X11$（是否购买过森林保险）对 Y（是否购买森林保险）为同向影响，即购买过森林保险者更倾向于购买森林保险，未购买过森林保险的人购买森林保险的可能性是购买过森林保险的人的 0.035 倍。这与最优尺度回归分析结果相吻合；$X15$（对森林保险投保和理赔程序的了解程度）这个因素中，"很了解"和"不了解"对 Y 的影响程度没有显著差别，而"基本了解"对 Y 的正向影响显著程度相对较高，即对森林保险投保和理赔"基本了解"者比"很了解"和"不了解"者更倾向于购买森林保险，对森林保险投保和理赔"基本了解"者倾向购买的程度是"很了解"和"不了解"者的 4.378 倍；$X16$（林地位置）影响因素中，"丘陵"和"平地"对 Y 的影响程度没有显著差别，而"山地"对 Y 的正向影响显著程度相对较高，即林地位置主要为"山地"者比"平地"和"丘陵"林地经营者更倾向于购买森林保险，倾向程度是后者的 5.452 倍；$X14$（过去 3 年林地是否受灾）因素与 Y（是否购买森林保险）呈反向作用，这与最优尺度回归分析结果相反，还需结合实际情况具体分析；$X19cc$（调查林地离县城距离）对 Y 呈反向影响，即林地离县城越远的经营者更倾向于购买森林保险。

此外，由模型的估计系数绝对值可以看出各显著变量对因变量 Y 的影响程度排序为：$X11 > X14 > X16 > X15$。其中 $X16$ 与 $X15$ 对 Y 的影响程度差异不大。

9.5.4　最优尺度回归分析与 Logistic 回归分析结果解释

两种回归分析结果中包含过的所有显著影响因素为 $X7$（是否有外出务工人

员）、$X11$（是否购买过森林保险）、$X12$（是否知道森林保险）、$X13$（如何认识森林保险）、$X14$（过去 3 年林地是否受灾）、$X15$（对森林保险投保和理赔程序了解程度）、$X16$（林地位置）、$X19cc$（调查林地离县城距离）。

其中 $X11$、$X15$ 与 $X16$ 作为显著变量在多种方法拟合的通过检验的模型中出现的频率最高。可见影响林农是否购买森林保险的最主要影响因素依次为是否购买过森林保险、对森林保险投保和理赔的了解程度、林地位置；购买过森林保险、对森林保险投保和索赔程序比较了解和林地性质为山地的林农更倾向于购买森林保险。

9.5.5　森林保险需求影响因素的多重对应分析

多重对应分析是一种力图在低维度空间表述两个或多个变量之间关系的多元降维分析技术。其可以同时分析多个分类变量之间的关系，亦可同时分析多分类有序变量、多分类无序变量和连续型变量，并通过输出多重对应分析图来反映变量间关系。

影响因素数据符合多重对应分析的适用条件，可以进行多重对应分析。这部分的实证分析欲对前一阶段分析结果中包含的显著影响因素和非显著影响因素分别进行多重对应分析，试图验证前一阶段结论并探索更多影响因素信息。

9.5.5.1　最优尺度回归与 Logistic 回归结果的显著变量多重对应分析

使用 SPSS 19.0，将最优尺度回归与 Logistic 回归结果中涉及的显著变量 $X7$、$X11$、$X12$、$X13$、$X14$、$X15$、$X16$、$X19cc$ 以及接近显著的 $X17$ 与 Y 进行多重对应分析如图 9-5。

解释多重对应分析图应该遵从的原则为：落在由原点(0，0)出发接近相同方位及图形相同区域的同一变量的不同类别具有相似性质；落在原点出发接近相同方位及图形相同区域的不同变量的类别间可能有联系。

根据上述解释原则对最优尺度回归与 Logistic 回归结果中出现过的显著变量多重对应分析图进行解读可知：

因变量"今年购买了森林保险"与"购买过森林保险""很了解和基本了解森林保险投保和理赔程序""知道森林保险""距离等级在 2 级和 3 级"关系较为紧密，验证了 $X11$、$X12$、$X15$、$X19cc$ 对 Y 的显著影响。其中，$X15$ 中的"很了解森林保险投保和理赔"比"基本了解"更倾向于购买森林保险，结合频数表分析可见 Logistic 回归模型得出的相关不完全正确。"森林保险是政府主导的一项惠农政策"与 Y 关系较为紧密，验证了 $X13$ 对 Y 的显著影响，且 $X13$ 的四个选项中"惠农政策"选项对购买森林保险的正向影响作用相对较强。"家庭中有外出务工人员"与"没有外出务工人员"相比，与"没有购买森林保险"关系相对更强。上图

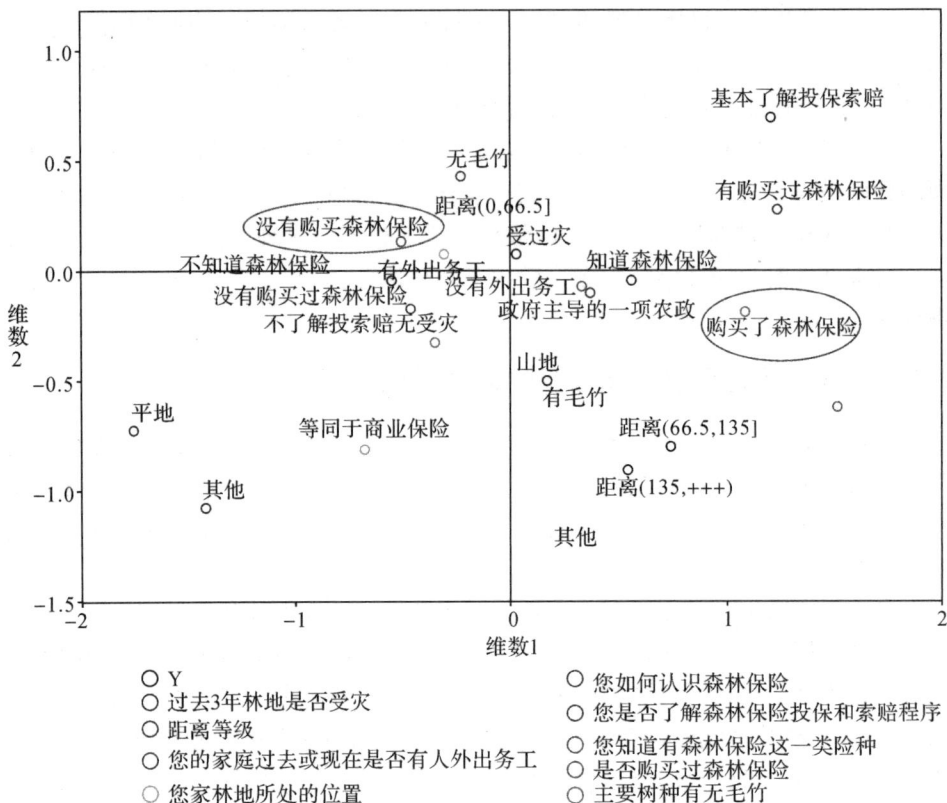

图 9-5　类别点联合图 1

显示，$X19cc$ 中离县城较远的林场更倾向于购买森林保险，结合频数分析表可知林场离县城较近则林场面积较小的频数更高，结合上图结果显示林地面积较小的林农更倾向于不购买森林保险。

9.5.5.2　最优尺度回归与 Logistic 回归结果中的非显著变量多重对应

使用 SPSS 19.0，将最优尺度回归与 Logistic 回归结果中的不显著影响因素 $X1cc$、$X4$、$X5$、$X6$、$X7$、$X8$、$X9'c$、$X10$、$X18$ 与 Y 进行多重对应分析。

根据多重对应分析图解释原则可知，林业收入比例较低、年龄在 54 岁以上、林地面积在 40 亩以下、初中学历、从事林业时间在 2~5 年、林地性质以自留山为主的林农更倾向于不购买森林保险；而中专高中大专本科及以上学历、林地性质为承包、年龄在 41 岁（不含）到 47 岁之间的林农更倾向于购买森林保险（图 9-6）。

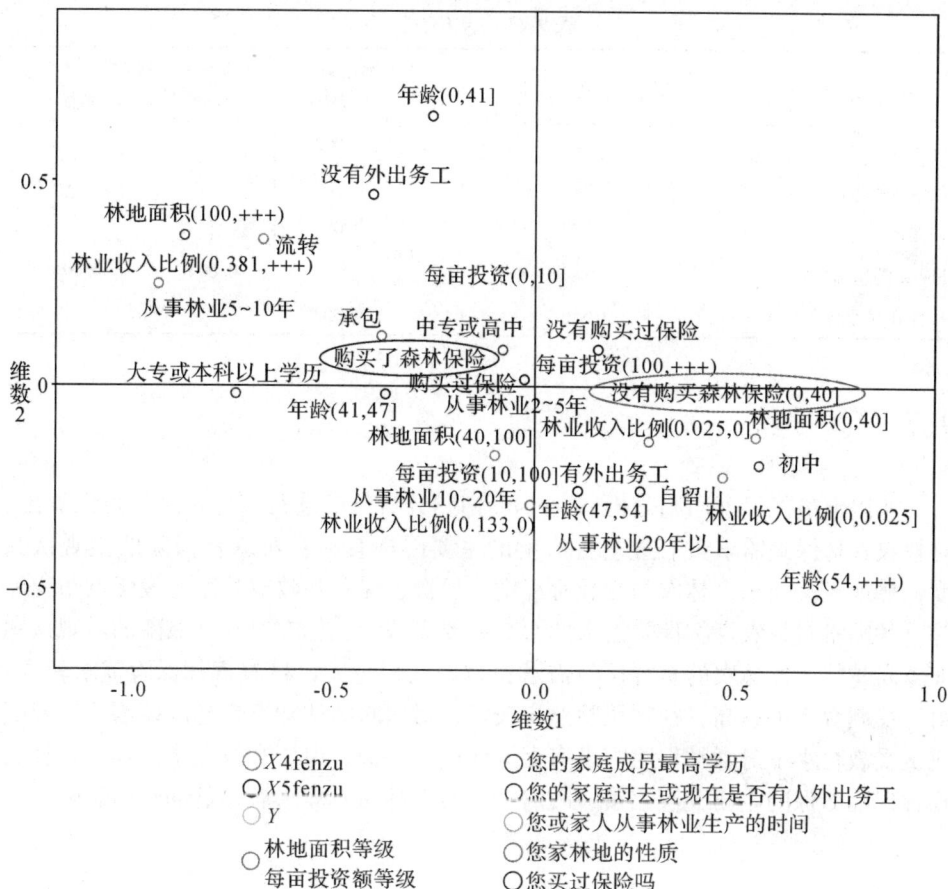

图 9-6　类别点联合图 2

9.6　政府补贴对森林保险需求的影响

为了探究被调查林农是否购买森林保险在政府是否补贴的情况是否有显著差别，对"您今年是否参加了森林保险"与"如果政府没有补贴，您今年是否会投保"两个问题的数据信息进行卡方检验结果见表 9-27。

结果显示，皮尔逊卡方、校正卡方、似然比卡方等卡方检验结果均显示被调查林农是否购买森林保险在政府是否补贴的情况有显著差别。可见是否有政府补贴对林农森林保险的有效需求有显著影响。

因此，若要提高林农森林保险需求，增加林农的森林保险的投保率，对林农购买森林保险实行政府补贴是十分必要的且有效的。

表 9-27 卡方检验

	值	df	渐进 Sig.（双侧）	精确 Sig.（双侧）	精确 Sig.（单侧）
Pearson 卡方	9.743a	1	0.002		
连续校正 b	7.885	1	0.005		
似然比	8.627	1	0.003		
Fisher 的精确检验				0.004	0.004
线性和线性组合	9.656	1	0.002		

9.7　小　结

从以上最优尺度回归分析、Logistic 回归分析与多重对应分析结果可以看出，对林农森林保险需求具有显著性影响的主要因素有林农对森林保险的主观认知度，林地经营面积，林农的受教育程度，保额、保费和政府补贴，投保索赔程序等。各因素对林农森林保险需求的影响主要表现为：林农对森林保险的主观认知度越高越能激发林农的森林保险需求；林地面积越大，林农森林保险需求较高；由于受教育水平越高，往往风险意识较强，对保险的认知度也越高，因此，家庭成员受教育水平对森林保险需求有促进作用；保额、保费和投保索赔程序是林农森林保险参保的主要关注因素；政府补贴对森林保险需求有显著的正向影响。

第 **10** 章

南方四省林农森林保险需求的区域差异分析

在前一章中，以福建、江西、浙江和湖南 4 省为案例点，从整体角度分析了影响南方集体林区林农森林保险需求的主要因素。但由于我国幅员辽阔，森林资源与林业发展水平、自然条件与灾害类型、经济发展水平、政府对森林保险的推动与政策支持力度、林农的风险意识等方面存在较大的区域差异，南方集体林区各省之间政策性森林保险在推广和实施过程中各有不同。为了了解各省森林保险实施的特点与基本情况，深入分析南方集体林区林农森林保险需求及其影响因素的区域差异，本章基于福建、江西、浙江、湖南四省农户的调查数据，非参数统计检验、因子分析法和 Logistic 回归模型，检验各省林农森林保险需求的差异，识别和比较各省影响林农森林保险需求的主要因素。

10.1 林农森林保险认知与需求差异比较

针对多总体间的差异分析通常采用方差分析方法，但通过分析调查数据(第 9 章中的调查样本)发现，某些调查变量，如林业年收入、家庭总收入等不服从正态分布。另外，多个调查变量，如年龄、家庭总收入等，在显著性水平 $\alpha = 0.05$ 下(表 10-1)，均不满足方差齐性假定，因此无法采用方差分析来讨论四省林农森林保险需求诉求差异，在后续分析中采用非参数统计中的 Kruskal-Wallis H 检验进行四省差异比较分析。

表 10-1 四省有关变量方差齐性 Levene F 检验

	Levene Statistic	自由度 1	自由度 2	Sig.
家庭总收入	4.039	3	329	0.008
年龄	3.299	3	347	0.021
劳动力人数	5.661	2	233	0.004
年林地投资	7.322	3	309	0.000
自留山面积	1.827	3	286	0.142
承包面积	0.701	3	177	0.552
流转面积	15.370	3	69	0.000

注：①显著性水平 $\alpha = 0.05$；②缺失数据使用 SPSS 中默认设置。

10.1.1　受访林农基本情况比较

关于林农基本情况的调查主要集中在家庭总收入、年龄，家庭成员的教育水平、林农从事林业生产的时间以及林农在林业上的投资等方面，通过 Kruskal-Wallis H 检验发现，在显著性水平 $\alpha = 0.05$ 下，上述调查内容四省之间存在显著的统计学差异（表 10-2）。

表 10-2　四省有关调查变量 Kruskal-Wallis 检验

	Chi-Square	自由度	Sig.
家庭总收入	218.61	3	0
年龄	19.54	3	0
家庭成员学历	10.384	3	0.016
劳动力人数	20.446	2	0
林业生产时间	49.856	3	0
年林地投资	19.74	3	0

注：①显著性水平 $\alpha = 0.05$；②缺失数据使用 SPSS 中默认设置；③省份为分类变量。

调查显示：

（1）浙江省林农的家庭收入最高，家庭收入在 10 万元以上的家庭占到调查总数的 38.7%，江西省林农的家庭收入水平最低，家庭收入在 10 万元以上的林户为四省最少，仅占江西省调查总数的 6.9%，福建省和湖南省林农家庭收入水平差距不大，70% 的林农家庭收入都集中在 5 万元以内。

（2）福建省受调查的林业劳动力相对来说较年轻，主要集中在 42 岁左右，浙江、湖南、江西三省的林农相对来说年龄较大，浙江、湖南省林农的年龄跨度较大，各省林农主要为中年人，青壮年留守农业工作的较少。

（3）四省林农家庭成员的学历主要为中专或高中水平，其中，浙江省的学历最高，大专或本科以上学历达到了 48.5%，远远高出其他三省，江西省的学历水平最低，高中以下文化水平的占到了 36.2%，林农及其家庭成员的教育背景直接影响着林农对于森林保险的态度与意识。

（4）福建、浙江两省外出务工者与单一从事林业生产者各自参半，湖南、江西两省林农有近 2/3 有外出务工经历，这两省林农的家庭收入来源相对较广，这在很大程度上会影响到林农对林业生产的态度与重视程度，进而影响林农对森林保险的购买。

（5）就受访结果来看，福建省的林农从事林业生产的时间相对来说较短，主要集中在 2 ~ 10 年，湖南的林农从事林业生产的时间最长，半数以上有 20 年以上的林业生产经验，江西省林农则与湖南省较相近，浙江省林农从事林业生产的年限大多在 10～20 年。总体上看，从事林业生产 1 年以下的林农数量很少，除了福建省，其他三省几乎不存在新生代林农。

（6）福建省林农在林业上投资较大，1/3 的人数投资在 1 万元以上，林业投资小于 1000 元的林户在四省中也是最少的。湖南省及江西省的林户在林业投资上的比例分布大致相同，多为 5000 元以下，只有近 1/5 的林户投资在 1 万元以上。在林地上投资最少的是浙江的林农，大半的林户投资在 1000 元以下，近 1/3 的林户投资在 1000～5000 元。福建省造林大户较多，具有一定的投资规模，有利于森林保险的开展，浙江省多为散户林农，基本上都是小规模投资，森林保险的开展更需要林业部门的支持。

10.1.2　受访林农森林保险现状与认知比较

关于受访林农森林保险现状主要就各省受灾损失、灾害补偿情况进行比较。通过 Kruskal-Wallis H 检验发现，在显著性水平 $\alpha = 0.05$ 下，上述调查内容四省之间并不存在显著的统计学差异，见表 10-3、表 10-4。从四省最为严重的自然灾害来看，福建省最为严重的灾害为气象灾害和火灾，湖南省最为严重的灾害为气象灾害、火灾及生物灾害，江西省气象灾害、火灾及人为灾害最为严重，和其他三省相比，浙江省的林农除了遭受一定程度的冰雪霜冻灾以外还承受了相当大程

表 10-3　四省有关变量的秩

	省份	N	秩平均
商品林投保面积	浙江	22	37.30
	湖南	42	42.43
	福建	18	51.97
	江西	4	50.75
	合计	86	
公益林投保面积	浙江	22	30.95
	湖南	37	30.61
	福建	3	46.50
	江西	1	63.00
	合计	63	
林业灾害损失额	浙江	32	132.20
	湖南	102	163.60
	福建	60	134.37
	江西	106	152.55
	合计	300	

注：①显著性水平 $\alpha = 0.05$；②缺失数据使用 SPSS 中默认设置。

表 10-4　四省有关调查变量 Kruskal-Wallis 检验

	商品林投保面积	公益林投保面积	林业灾害损失额
卡方统计量	3.857	5.457	5.924
自由度	3	3	3
Sig.	0.277	0.141	0.115

注：①显著性水平 $\alpha = 0.05$；②缺失数据使用 SPSS 中默认设置；③省份为分类变量。

度的台风灾害。由此可见，保险公司在推广森林保险的过程中，可以适当的增加单项险，比如浙江可专门增加台风险，不断丰富险种，满足林农需求。

　　林农对于保险及森林保险的认知对于森林保险的推广具有重要影响，了解林农对森林保险的认知现状，对于森林保险推广中的采取何种政策措施的决策具有很强的支持作用。福建、湖南、江西、浙江四省份的林农大部分有购买保险的经验，过半人数购买的保险为农村合作医疗保险，其中江西、浙江两省林农有近 1/3 购买过保险公司的人寿、医疗、财产等商业保险。相比而言，湖南、浙江两省购买过森林保险的林户较多。在对森林保险的认知上，四省大部分林农都把森林保险看成是政府主导的一项惠农政策，有利于森林保险的推广。福建、湖南、浙江三省林农基本上都是从村干部宣传及林业部门人员介绍中了解到森林保险，江西省林农除了这两种渠道外，也有一部分人是通过广播电视报纸等媒体上了解到森林保险。福建、湖南、江西、浙江四省的林农对于当地政府和保险公司对于森林保险的具体规定了解程度普遍较低，相对其他三省来说，浙江省最高，但也仅为 12.1%。四省林农普遍不了解森林保险的投保及索赔程序，其中湖南省林农对于森林保险的投保索赔程序了解度最高，达到了 37.6%。

　　对受访林农森林保险投保情况进行列联分析，见表 10-5、表 10-6，$\chi^2 = 54.846$，Sig. $< \alpha$，说明四省份受访林农森林保险投保情况存在显著差异，福建省、湖南省的参保情况在 30% 左右，江西省的参保情况最不乐观，仅有 8.6% 的林农投保，浙江省的参保情况为四省最高，达到了 72.7%。福建省林农不参保的原因主要是没人组织交保险；湖南省林农未参保主要也是由于对森林保险不够了解，还有相当大一部分林农是由于其他原因没有投保，如没有听说过森林保险或不知道森林保险；江西省未参加投保的林农中有相当大一部分是由于对森林保险不够了解而且周围也没人购买森林保险；浙江省林农未投保的原因较多，其中投保或理赔麻烦在所有原因中占比最高。

表 10-5　四省份受访林农森林保险投保情况

	浙江	湖南	福建	江西	合计
投保	24	46	19	10	99
未投保	9	86	48	106	249
合计	33	132	67	116	348

注：12 户受访林农未回答。

表 10-6　四省份受访林农森林保险投保 χ^2 检验

	变量值	自由度	Sig.
卡方统计量	56.846	3	0.000
有效样本量	348		

注：①显著性水平使用 SPSS 中默认设置；②双侧检验。

对政府补贴对林农森林保险投保影响进行列联分析，见表 10-7、表 10-8，$\chi^2 = 22.432$，Sig. $< \alpha$，说明四省份政府补贴对林农森林保险投保的影响情况存在显著差异。在已投保的林农中，政府补贴效用最大的是江西省，68.4% 的林农表示如果没有政府补贴就不会投保；福建、浙江两省仅有 1/4 的林农在没有政府补贴的情况下不愿继续投保，相对来说，湖南省的森林保险需求较为刚性，90% 的林农表示，即使没有政府补贴也照样会投保。调查发现，福建省、湖南省林农参保的主要原因是认为参保有用，江西省林农参保的主要原因是当地政府极力倡导或要求及费用不高，想试一试；浙江省林农参保的主要原因是当地政府极力倡导或要求，占到了 44.2% 的比例。

表 10-7　政府补贴对林农森林保险投保的影响

	浙江	湖南	福建	江西	合计
存在	18	41	19	6	84
不存在	6	5	8	13	32
合计	24	46	27	19	116

注：244 户受访林农未回答。

表 10-8　四省份受访林农森林保险投保 χ^2 检验

	变量值	自由度	Sig.
卡方统计量	22.432	3	0.000
有效样本量	116		

注：①显著性水平使用 SPSS 中默认设置；②双侧检验。

10.1.3　受访林农森林保险投保意愿与需求比较

对受访林农森林保险投保意愿进行列联分析，见表 10-9 至表 10-12。当无政府补贴情况下，$\chi^2 = 57.570$，Sig. $< \alpha$，说明四省份受访林农森林保险投保意愿存在显著差异；当政府补贴情况下，$\chi^2 = 25.678$，Sig. $< \alpha$，说明四省份受访林农森林保险投保意愿存在显著差异。

表 10-9　无补贴下森林保险投保意愿

	浙江	湖南	福建	江西	合计
愿意	21	91	37	29	178
不愿意	10	31	16	53	110
不好说	2	8	15	32	57
合计	33	130	68	114	345

注：15 户受访林农未回答。

表 10-10　无补贴森林保险投保意愿 χ^2 检验

	变量值	自由度	Sig.
卡方统计量	57.570	6	0.000
有效样本量	345		

注：①显著性水平使用 SPSS 中默认设置；②双侧检验。

表 10-11　有补贴下森林保险投保意愿

	浙江	湖南	福建	江西	合计
愿意	17	18	21	42	98
不愿意	2	18	3	18	41
不好说	0	3	10	9	22
合计	19	39	34	69	161

注：199 户受访林农未回答。

表 10-12　有补贴森林保险投保意愿 χ^2 检验

	变量值	自由度	Sig.
卡方统计量	25.678	6	0.000
有效样本量	161		

注：①显著性水平使用 SPSS 中默认设置；②双侧检验。

在没有政府补贴的情况下，有 50% 以上福建省林农愿意继续投保，政府补贴对福建省林农参保的效用较低，在政府给予补贴的情况下，投保率只增加了6.4%；湖南省林农的投保意识最高，在政府不给予补贴的情况下有高达 70% 的林农愿意投保；江西省林农对政府补贴的效用最高，在政府没有补贴时，只有25.4% 的林农愿意投保，如果政府给予补贴，投保率将上升 35.5 个百分点；浙江省的林农对于政府补贴的态度大半为如果没有政府补贴也愿意投保，如果有政府补贴就更好，投保率将更高。四省林农在购买森林保险过程中考虑的因素各有不同，福建省林农对于森林保险的购买非常注重投保的方便快捷、保险产品的保险内容及保险公司提供的服务；湖南省林农在投保时对于保额的多少比较看重，对于保险费也具有一定的关注度；江西省林农不仅看重投保和支付的方便性还看重保额的多少；浙江省林农与其他三省相比在保险的品牌的重视度上最高，林农非常重视保额及保险费的高低。各省保险公司可根据林农在购买森林保险上的偏好，可以有选择的提高与改进，以更好地推广森林保险产品。另外，四省林农对巨灾保险的需求也存在差异，江西两省有一半以上的林农希望能开展巨灾保险，湖南、浙江两省对于特大灾害的森林保险需求相对较低。

10.2　四省林农森林保险需求模型

10.2.1　模型变量选择与因子分析

10.2.1.1　模型变量说明

结合调查问卷题目及实际情况，把问卷中涉及可能对林农森林保险需求产生影响的变量主要分为三大类，第一类包括作为保险参与主体的林农及其家庭的基本信息，如林农的年龄($X1$)、受教育程度($X2$)、家庭年林业收入($X3$)、家庭年收入($X4$)、外出务工情况($X5$)、从事林业生产时间($X6$)等；第二类主要是关于作为保险标的的森林资源的信息，如拥有林地面积($X7$)、林地位置($X8$)、树种($X9$)、林地每年的投资($X10$)、过去三年是否受灾害($X11$)等；第三类是反映作为保险参与主体的保险公司和当地政府开展森林保险活动的信息，包括林农对森林保险的认识($X12$)、灾后补偿情况($X13$)、林农对森林保险的具体规定的了解情况($X14$)、对索赔及投保程序的了解($X15$)、保险公司服务质量($X16$)、林农感知的服务宣传力度($X17$)、政府补贴($X18$)等。把上述三类变量作为解释变量，把当年是否购买了森林保险作为被解释变量，具体变量见表 10-13。

表 10-13 模型变量说明

变量	变量名称/变量单位	变量类型	变量定义	预期作用方向
被解释变量	当年是否购买了森林保险(Y)	虚拟变量	1=购买;0=没有购买	
解释变量	受调查林农年龄/岁($X1$)	连续变量	受调查林农的年龄(岁)	负向
	家庭成员最高学历($X2$)	分类变量	1=未接受过正式教育;2=小学;3=初中;4=高中/中专;5=大专或本科以上	正向
	年林业收入/元($X3$)	连续变量	家庭林业年收入(元)	正向
	家庭年总收入/元($X4$)	连续变量	家庭年总收入(元)	正向
	是否有人外出务工($X5$)	虚拟变量	1=有;0=没有	正向
	家庭从事林业生产的时间/年($X6$)	连续变量	农户从事林业生产的时间(年)	正向
	林地总面积/亩($X7$)	连续变量	家庭拥有林地总面积(亩)	正向
	林地所处的位置($X8$)	分类变量	1=山地;2=平地;3=丘陵;4=其他	待定
	种植的主要树种($X9$)	分类变量	1=杉木;2=马尾松;3=毛竹;4=其他	待定
	林地每年投资额/元($X10$)	连续变量	农户每年林地投资额(元)	正向
	过去3年是否受过森林灾害($X11$)	虚拟变量	1=受过灾害;0=没有受过灾害	正向
	如何认识森林保险($X12$)	分类变量	1=惠农政策;2=上级安排的任务;3=等同商业保险;4=其他	负向
	过去3年林地是否因为灾害得到过补偿($X13$)	虚拟变量	1=得到过补偿;0=没有得到过补偿	正向
	了解政府和保险公司对森林保险的具体规定($X14$)	虚拟变量	1=了解;0=不了解	正向
	对森林保险投保和索赔程序的了解程度($X15$)	分类变量	1=很清楚;2=基本了解;3=不了解	负向
	对保险公司森林保险服务质量的评价($X16$)	分类变量	1=好;2=一般;3=差	正向
	对当地政府对森林保险宣传的评价($X17$)	分类变量	1=很好;2=不足;3=没有宣传	正向
	如果有政府补贴,是否愿意投保($X18$)	虚拟变量	1=愿意;0=不愿意	正向

10.2.1.2 变量的因子分析

由于初始解释变量个数较多,而且相互之间存在不同程度的相关。为有效简化变量,便于后续的 Logistic 模型建立,采用因子分析中的主轴因子法对解释变量进行空间降维,将众多的解释变量综合为几个相互独立的因子。运用 SPSS 19.0 软件经过一系列的计算与旋转之后,以公共因子特征值的大小为标准来提取,提取了6个特征值大于1的公因子(表10-14),这6个公因子的方差贡献率达到了 81%，说明公因子对于变量具有很好的解释作用。

表 10-14　旋转成分矩阵

因子	F_1	F_2	F_3	F_4	F_5	F_6
林地总面积($X7$)	0.658	0.071	-0.180	-0.043	0.009	0.200
年林业收入($X3$)	0.972	-0.029	0.048	-0.002	0.011	-0.064
家庭年总收入($X4$)	0.958	-0.038	0.071	-0.005	0.014	-0.073
受调查林农年龄($X1$)	-0.041	-0.058	0.727	-0.169	0.114	0.005
家庭成员最高学历($X2$)	-0.006	-0.081	-0.154	-0.019	0.540	0.419
是否有人外出务工($X5$)	0.031	-0.174	-0.645	-0.028	0.016	0.047
家庭从事林业生产的时间($X6$)	0.051	-0.038	0.510	0.129	-0.063	0.460
林地所处的位置($X8$)	-0.033	0.108	-0.118	0.795	0.010	-0.006
种植的主要树种($X9$)	-0.025	-0.002	0.013	0.807	-0.018	-0.014
林地每年投资额($X10$)	-0.004	0.031	-0.136	-0.209	-0.465	0.011
如何认识森林保险($X12$)	0.062	0.281	0.169	0.248	0.210	-0.027
过去 3 年是否受过森林灾害 ($X11$)	0.001	-0.021	0.047	-0.038	-0.202	0.697
过去 3 年林地是否因为灾害得到过补偿 ($X13$)	-0.062	0.190	-0.094	0.007	0.593	-0.261
了解政府和保险公司对森林保险的具体规定 ($X14$)	-0.102	0.744	0.275	0.086	-0.237	-0.228
对森林保险投保和索赔程序的了解程度($X15$)	-0.098	0.751	0.205	0.121	-0.203	-0.235
对保险公司森林保险服务质量的评价 ($X16$)	0.095	0.534	-0.159	-0.085	0.113	0.402
对当地政府对森林保险宣传的评价 ($X17$)	0.065	0.669	-0.122	0.018	0.093	0.127
如果有政府补贴，是否愿意投保 ($X18$)	-0.066	0.129	-0.062	0.166	-0.526	0.089

　　通过上述的旋转成分矩阵可以看出，从对林农是否购买森林保险具有显著影响的 18 个变量中提取出了 6 个公共因子。公共因子 F_1 在林业年收入、家庭年收入及拥有的林地面积三个变量上的载荷值最大，由此可知，公共因子 F_1 主要是反映林农家庭经济收入情况的公共因子，可以被称为收入因子；公共因子 F_2 在林农对森林保险的认识、林农对当地政府和保险公司对森林保险的具体规定的了解、林农对森林保险投保和索赔程序的了解、林农对当地政府对森林保险的宣传力度的感知及当地保险公司保险服务的质量上的载荷值很大，主要反映的是当地政府对于森林保险的宣传推广力度，如果宣传力度大，林农对于森林保险的各种了解也就越深入，所以公共因子 F_2 是宣传因子；公共因子 F_3 在受访者年龄、家

庭过去或现在是否有人外出务工、家人从事林业生产的时间等变量上的载荷值都很大，所以公共因子 F_3 是反映林农基本素质的因子，可称为林农素质因子；公共因子 F_4 在种植的主要树种、林地位置两个变量上的载荷很大，所以，F_4 是反映森林资源的信息，可称为资源因子；公共因子 F_5 在林农家庭成员的最高学历、林地的年投资、灾后是否得到补偿及政府补贴上的载荷值很大，主要反映森林经营风险的信息，可称为风险补偿因子；公共因子 F_6 在林地是否受过灾害变量上具有很大的载荷值，F_6 是反映林地风险的公共因子，可称为风险因子（表 10-15）。

表 10-15　变量表

公共因子	各因子代表变量
F_1	林业年收入、家庭年收入及拥有的林地面积
F_2	林农对森林保险的认识、林农对具体规定、投保和索赔程序了解、林农对当地政府对森林保险的宣传力度的感知及保险公司服务质量
F_3	受访者年龄、家庭过去或现在是否有人外出务工、家人从事林业生产的时间
F_4	种植的主要树种、林地位置
F_5	林农家庭成员的最高学历、林地的年投资、灾后是否得到补偿及政府补贴
F_6	过去三年林地是否受过灾害

10.2.2　各省森林保险需求模型的拟合

10.2.2.1　模型形式与变量说明

当年是否购买了森林保险(Y)被解释变量、以 6 个公共因子为解释变量，建立各省的林农森林保险需求的 Logistic 回归模型表达式为：

$$\text{Ln}Y = \text{Ln}\frac{p}{1-p} = \beta_0 + \beta_1 F_1 + \beta_2 F_2 + \beta_3 F_3 + \beta_4 F_4 + \beta_5 F_5 + \beta_6 F_6 + \varepsilon$$

$$(10\text{-}1)$$

式中：$Y = 1$——购买森林保险；

　　　$Y = 0$——不购买森林保险；

　　　p——购买森林保险的概率；

　　　$1-p$——不购买森林保险的概率。

10.2.2.2　回归结果与分析

运用 SPSS 19.0 统计软件，筛选变量使用 Backward：LR，选入标准 $\alpha = 0.05$ 和剔除标准 $\alpha = 0.10$，即首先将全部变量引入回归方程，再逐步的进行检验和剔除，以得出最后的最优结果。各省的林农参保概率回归模型结果如下：

（1）浙江省林农森林保险需求的 Logistic 回归模型，见表 10-16。

表 10-16　浙江省林农森林保险需求的 Logistic 模型第一步回归结果

		β	S. E	Wals	df	Sig.	Exp(β)
步骤 1a	F_1	51. 197	20. 062	6. 512	1	0. 011	1253. 064
	F_2	4. 521	2. 015	5. 036	1	0. 025	91. 962
	F_3	0. 328	0. 687	0. 227	1	0. 633	1. 388
	F_4	1. 355	0. 954	2. 014	1	0. 156	3. 875
	F_5	− 0. 808	0. 586	1. 902	1	0. 168	0. 446
	F_6	0. 819	0. 791	1. 071	1	0. 301	2. 268
	常量	− 7. 677	2. 896	7. 028	1	0. 008	0. 000

表 10-16 为第一步的回归结果，将所有变量全部选入，通过对变量进行显著性检验，剔除不显著的变量，并再次进行拟合，得到新的回归方程，直到进入的变量全部通过显著性检验为止，最终拟合结果见表 10-17。

表 10-17　浙江省林农森林保险需求的 Logistic 模型最终回归结果

	B	S. E	Wals	df	Sig.	Exp(B)
F_1	35. 824	16. 222	4. 877	1	0. 027	870. 426
F_2	3. 958	2. 097	3. 565	1	0. 059	52. 370
常量	− 5. 995	2. 642	5. 149	1	0. 023	0. 002

由表 10-17 可知，F_1 和 F_2 这两个公共因子对浙江省林农森林保险的参保率具有显著的影响作用，F_1 在 0. 05 的显著性水平上显著，而且系数非常大，说明林农的家庭年收入、林业年收入、拥有林地面积对林农的森林保险参保意愿具有显著的正向影响，收入越高、林地面积越广，森林保险的参保率越大。F_2 在 0. 1 的水平上显著，说明林农对森林保险的购买与当地政府及保险公司对森林保险的宣传与推广正向相关，宣传力度越大，林农对于森林保险的各项规定及投保理赔程序了解越多，林农越有可能购买森林保险。但相比而言，F_1 的影响程度要高于 F_2，即家庭经济收入和森林经营规模是影响浙江省林农森林保险购买意愿的最重要因素。

（2）湖南省林农森林保险需求的 Logistic 回归模型，见表 10-18。

表 10-18　湖南省林农森林保险需求的 Logistic 模型第一步回归结果

		β	S. E	Wals	df	Sig.	Exp(β)
步骤 1a	F_1	6. 851	3. 425	4. 002	1	0. 045	944. 354
	F_2	1. 420	0. 273	26. 976	1	0. 000	4. 138

（续）

		β	S. E	Wals	df	Sig.	Exp(β)
步骤 1a	F_3	0.080	0.251	0.101	1	0.751	1.083
	F_4	0.357	0.247	2.098	1	0.147	1.429
	F_5	0.245	0.340	0.520	1	0.471	1.278
	F_6	−0.069	0.273	0.064	1	0.800	0.933
	常量	2.001	0.472	18.001	1	0.000	7.393

由表 10-18 可知，湖南省在对林农森林保险参保参保意愿的主要因素与浙江省基本相同（表 10-19），都是公共因子 F_1 和 F_2，说明林农的家庭年收入、林业年收入、拥有林地面积、当地政府及保险公司对森林保险的宣传与推广等因素对林农森林保险参保意愿具有显著的正向影响，而且 F_1 的影响程度要高于 F_2，即家庭经济收入和森林经营规模是影响湖南省林农森林保险购买意愿的最重要因素。

表 10-19　浙江省林农森林保险需求的 Logistic 模型最终回归结果

	β	S. E	Wals	df	Sig.	Exp(β)
F_1	7.133	3.053	5.458	1	0.019	1253.064
F_2	1.427	0.264	29.134	1	0.000	4.167
常量	2.032	0.429	22.473	1	0.000	7.627

（3）福建省林农森林保险需求的 Logistic 回归模型，见表 10-20。

表 10-20　福建省林农森林保险需求的 Logistic 模型第一步回归结果

		β	S. E	Wals	df	Sig.	Exp(β)
步骤 1a	F_1	9.848	4.728	4.338	1	0.037	916.539
	F_2	0.541	0.316	2.931	1	0.087	1.717
	F_3	0.171	0.362	0.224	1	0.636	1.187
	F_4	0.856	0.405	4.469	1	0.035	2.354
	F_5	−0.202	0.348	0.338	1	0.561	0.817
	F_6	0.666	0.330	4.072	1	0.044	2.514
	常量	−0.166	0.619	0.072	1	0.788	0.847

由表 10-21 可知，对福建省林农森林保险参保意愿具有显著影响的因素较多，有 F_1、F_2、F_4、F_6 等 4 个公共因子。4 个公共因子都对因变量具有显著的正向影响作用，即，家庭收入、林业收入、拥有林地面积的增加，森林灾害造成的损失体验，对森林保险的了解与认识的深入会引起森林保险购买意愿的提高，林地的位置及造林树种也对当地林农森林保险购买意愿具有显著影响。从影响程度

看，$F_1 > F_4 > F_6 > F_2$，即家庭经济条件和森林经营规模是影响林农购买森林保险意愿的最主要因素，其次是林地位置、经营树种和灾害体验，影响相对较小的因素是对森林保险的了解。模型结果从另一侧面反映出福建省森林保险业务开展较早，政府和保险公司对森林保险的宣传较为广泛林农对森林保险有了比较清楚的认识，森林保险的参保行为较为理性，即是否参保主要考虑支付能力、保险标的价值及其面临的风险。

表 10-21　福建省林农森林保险需求的 Logistic 模型最终回归结果

	β	S. E	Wals	df	Sig.	Exp(β)
F_1	9.967	4.628	4.637	1	0.031	1003.283
F_2	0.538	0.315	2.913	1	0.088	1.713
F_4	0.878	0.407	4.651	1	0.031	2.406
F_6	0.613	0.323	3.605	1	0.058	2.542
常量	-0.316	0.544	0.337	1	0.562	0.729

（4）江西省林农森林保险需求的 Logistic 回归模型，见表 10-22。

由表 10-23 可知，对江西省林农森林保险参保意愿具有显著影响的因素较多，有 F_1、F_4、F_6 等 3 个公共因子。3 个公共因子都对因变量具有显著的正向影响作用，即，森林灾害的损失体验，家庭收入、林业收入、拥有林地面积的增加会引起森林保险购买意愿的提高，林地的位置及造林树种也对当地林农森林保险购买意愿具有显著影响。从影响程度看，$F_6 > F_1 > F_4$，即森林灾害造成的损失体验是影响林农购买森林保险意愿的最主要因素，其次是家庭经济条件和森林经营规模，林地位置和经营树种。同福建省情况相似，江西省也是我国最早开展森林保险试点的省份之一，林农对森林保险有了比较清楚的认识，森林保险的参保行为较为理性，即是否参保主要考虑保险标的价值及其面临的风险和家庭经济收入决定的支付能力。

表 10-22　江西省林农森林保险需求的 Logistic 模型第一步回归结果

		β	S. E	Wals	df	Sig.	Exp(β)
步骤 1a	F_1	6.018	2.668	5.087	1	0.024	410.737
	F_2	-1.809	1.249	2.099	1	0.147	0.164
	F_3	1.867	1.304	2.049	1	0.152	6.468
	F_4	6.705	2.983	5.052	1	0.025	816.739
	F_5	-4.546	2.802	2.632	1	0.105	0.011
	F_6	-9.414	4.021	5.481	1	0.019	0.000
	常量	12.850	5.683	5.113	1	0.024	380689.324

表10-23　江西省林农森林保险需求的 Logistic 模型最终回归结果

	β	S. E	Wals	df	Sig.	Exp(β)
F_1	2.484	1.075	5.335	1	0.021	11.985
F_4	2.147	0.710	9.147	1	0.002	8.562
F_6	5.681	1.850	9.433	1	0.002	67.003
常量	6.769	1.686	16.123	1	0.000	870.763

10.3　小　结

通过比较，福建、湖南、江西、浙江四省森林保险区域差异主要表现在以下几方面。

（1）区域森林保险的有效需求不同。由于各地经济发展水平、自然条件、交通设施等方面的不同，造成区域间农村居民收入存在很大差距，林农的收入水平直接决定了其对森林保险的需求程度，对于林农而言，如果家庭收入大部分来自于林业生产，其对森林保险的需求一般来说较高。另外，各地农村居民收入水平的不同，其家庭成员在教育水平、价值观念、风险意识上不同，林农森林保险意识，也会呈现出一定的差异，保险意识的差异也就造成了森林保险购买需求的差异。

（2）不同区域对政府补贴的依赖程度存在差异。不同的省份，对于政府补贴的依赖程度不同，导致了政府补贴对于森林保险的购买产生的效用不同，但总的来说，政府补贴对于森林保险的购买具有很好的促进作用。

（3）不同区域影响林农森林保险购买意愿的主要因素存在差异。首先，家庭支付能力、林业经营规模是影响各省林农森林保险购买意愿的共同因素；对森林保险的认知水平、森林保险标的、森林灾害损失体验产生的风险意识等是影响部分省份林农森林保险购买意愿的主要因素。其次，同一因素在不同省份林农森林保险购买决策过程中的影响力排序不同，如影响湖南省和浙江省林农森林保险购买意愿主要因素是家庭经济条件和林地经营规模以及对森林保险的了解程度，各因素的影响力排序为：家庭经济条件和林地经营规模的影响力＞对森林保险的了解程度。$F_6 > F_1 > F_4$，即森林灾害造成的损失体验、家庭经济条件和森林经营规模、林地位置和经营树种是影响福建省和江西省林农森林保险购买意愿的共同因素，但从各因素的影响力排序看，江西省为：森林灾害造成的损失体验＞家庭经济条件和森林经营规模＞林地位置和经营树种影响；福建省为：家庭经济条件和森林经营规模＞林地位置和经营树种影响＞森林灾害造成的损失体验。

第11章

结论与建议

11.1 结　论

　　根据以上对集体林区林农森林保险需求影响因素及四省区森林保险需求的区域差异分析，得到以下主要结论：

　　(1)影响集体林区林农森林保险需求的因素相对集中。家庭支付能力、林业经营规模、对森林保险的认知水平、森林保险标的价值、森林灾害损失体验产生的风险意识等是影响部分省份林农森林保险购买意愿的主要因素。具体而言，家庭收入、林业收入占家庭收入比重、林地经营面积、对森林保险政策以及投保和理赔程序的了解程度、农户家庭成员受教育水平和森林灾害损失体验形成的风险意识、林木树种价值等与因素对林农森林保险购买意愿具有显著的正向影响；保额、保费和投保索赔程序是林农参保的三大关注点。

　　(2)影响林农森林保险购买意愿的主要因素存在区域差异，同一因素在不同省份林农森林保险购买决策过程中的影响力排序不同。从四个案例省份看，影响湖南省和浙江省林农森林保险购买意愿主要因素是家庭经济条件和林地经营规模以及对森林保险的了解程度，各因素的影响力排序为：家庭经济条件和林地经营规模的影响力 > 对森林保险的了解程度。森林灾害造成的损失体验、家庭经济条件和森林经营规模、林地位置和经营树种是影响福建省和江西省林农森林保险购买意愿的共同因素，但从各因素的影响力排序看，江西省为：森林灾害造成的损失体验 > 家庭经济条件和森林经营规模 > 林地位置和经营树种影响；福建省为：家庭经济条件和森林经营规模 > 林地位置和经营树种影响 > 森林灾害造成的损失体验。

　　(3)不同区域对政府补贴的依赖程度存在差异，但政府补贴对森林保险需求有显著影响。不同的省份，对于政府补贴的依赖程度不同，导致了政府补贴对于森林保险的购买产生的效用不同，但总的来说，政府补贴对森林保险需求有显著影响。通过政府补贴保费的方式能够有效地提升林农森林保险的参保率。

　　(4)森林灾害定损条款对森林保险需求具有负向影响。问卷调查结果和访谈结果均反映出险后理赔困难的问题，灾害损失鉴定过程极其繁杂，占用林农的时间与经济成本太高，这对林农森林保险需求有负面的影响。

11.2   建 议

为进一步完善集体林区政策性森林保险制度，提高林农的森林保险参保率，有效分散林农森林经营风险，保障林农森林经营利益，促进集体林区林业发展，针对以上研究结论中影响林农森林保险需求的主要因素，提出以下政策建议。

(1)合理制定保额、保费及其分摊比例，提高林农参保积极性。家庭收入决定的保费支付能力，经营树种价值等是影响集体林区林农森林保险需求的重要因素。农户调查与访谈研究结果显示：多数林农认为，相对于保额而言，森林保险费率和林农负担比例偏高。因此，建议从两方面着手，一方面，通过准确了解林农对森林保险的实际支付意愿，确定林农实际接受的最高意愿保费率；另一方面，根据林木灾害风险程度合理厘定最低保费率，保障保险公司的基本利益，差额部分由政府进行相应补贴。通过对保费及其分摊比例的合理调整，既能够提高林农的参保积极性，又能够提高保险公司的积极性。另外，科学确定返青率，将幼龄林、中龄林和成熟林分开进行保险，分类进行理赔等措施均能提高林农对森林保险的需求。

(2)通过鼓励开展林地流转、发展林业合作组织等措施，实现林地的规模化经营，促进森林保险参保率的提高。林地经营面积是影响集体林区林农森林保险需求的重要因素。而林权制度改革后，林地经营碎片化现象比较突出，一方面，由于经营面积过小，林业收入占家庭收入的比重较低，导致林农对小面积森林的投保积极性不高；另一方面，森林经营面积过小，宗地数量太多，必然增加保险公司承保、定损、理赔等方面的工作量与难度，导致保险公司承保的积极性下降。为此，建议通过制定相应政策，鼓励开展林地流转、发展林业合作组织，实现林地的规模化经营，促进森林保险参保率的提高。

(3)加大森林保险宣传力度的同时，特别注意森林保险宣传推广工作的针对性和重点。研究结果显示：林农对森林保险的认知度越高，森林保险需求越大。因此，各级林业部门和保险公司应积极采取措施加大对森林保险的宣传力度，使林农对森林保险有较为清晰和正面的认识，从而提高参保意识和意愿。同时多重对应分析结果显示：林业收入比例较低、年龄在54岁以上、林地面积在40亩以下、初中学历、从事林业时间在2~5年、林地性质以自留山为主的林农更倾向于不购买森林保险；而中专高中大专本科及以上学历、林地性质为承包、年龄在41岁(不含)到47岁之间的林农更倾向于购买森林保险。因此，为充分发挥森林保险的保障性作用，在不断提高森林保险宣传覆盖面的同时，应将更可能购买森林保险的林农作为重点宣传与推广对象。

(4)规范灾害定损程序，统一制定标准，同时简化保险理赔程序

问卷调查结果和访谈结果均反映出险后理赔困难的问题，灾害损失鉴定过程极其繁杂，灾害损失鉴定技术水平有待提高。研究结果显示：投保和理赔是否方便是影响林农够买森林保险最主要的因素之一。可见，通过规范损失鉴定程序、统一制定标准、同时简化保险理赔程序能够有效提高林农对森林保险的需求。因此，建议保险公司可以成立专门的损失鉴定小组，发生灾害后林农直接与保险公司联系，简化森林保险理赔程序，减轻林农负担。

(5)针对不通过区域林农的购买偏好采取差异化的森林保险制度体系与推广策略。研究结果显示，影响林农森林保险购买意愿的主要因素存在区域差异，同一因素在不同省份林农森林保险购买决策过程中的影响力排序不同。因此，各地区应因地制宜地制定适合本地区林农森林保险需求的实际情况森林保险制度体系和推广策略。如，影响湖南省和浙江省林农森林保险购买意愿主要因素是家庭经济条件和林地经营规模以及对森林保险的了解程度，森林保险制度的重点应该关注费率水平、保额水平、财政补贴率水平等方面，而推广策略应该注重森林保险宣传的覆盖度与针对性，政策重点在通过鼓励林地流转与发展林业合作组织等措施促进林地的规模化经营。而影响福建省和江西省林农森林保险购买意愿的共同因素主要有森林灾害造成的损失体验、家庭经济条件和森林经营规模、林地位置和经营树种。因此，福建省与江西省森林保险制度的重点除了关注费率水平、保额水平、财政补贴率水平等方面外，还应考虑在同一地区针对不同树种、林龄的林木制定差异化的保额与费率水平，在不同地区根据林木灾害风险水平的差异制定差异化的保额与费率水平，构建适宜区域特点的森林保险制度与实践体系。

参考文献

[1]陈玲芳. 我国森林保险发展的现状、问题与对策研究[J]. 福建农林大学学报：哲学社会科学版，2005，8(4)：38-41.

[2]陈盛伟，薛兴利. 林业标准化促进林业保险发展的机理分析[J]. 林业经济问题，2006(4)：138-141.

[3]陈锡康，杨翠红，等. 投入产出技术[M]. 科学出版社，2011：3-7.

[4]陈妍，凌远云，陈泽育，郑亚丽. 农业保险购买意愿影响因素的实证研究[J]. 农业技术经济，2007(2)：26-30.

[5]程芳. 对开办政策性林业保险的思考[J]. 绿色财会，2009(3)：6-7.

[6]冯祥锦，黄和亮，杨建州. 森林保险市场投保主体与行为差异性的理论分析[J]. 东南学术. 2012(2)：177.

[7]傅泽强，孙启宏，等. 基于灰色系统理论的森林火灾预测模型研究[J]. 林业科学，2002，9(5)：95-100.

[8]高岚，谭李嫔. 森林冰雪灾害损失评价指标体系研究[J]. 广东农业科学，2010(11)：232-235.

[9]高岚，张长达，于江龙. 我国森林保险研究进展[J]. 世界林业研究，2010(4)：61-64.

[10]高岚，赵铁珍. 我国的森林灾害与林业可持续发展[J]. 北京林业大学学报(社会科学版)，2003，12(2)：1-6.

[11]高岚. 森林灾害经济的基本理论与方法研究[J]. 北京林业大学学报(社会科学版)，2002(9)：32-36.

[12]郭群成，崔永红，孟全省. 试论我国林业公共财政体制的构建[J]. 西北林学院学报. 2008，23(1)：212-213.

[13]郭颖，孙吉慧. 雪凝灾害林木损失评估及恢复重建技术初探[J]. 贵州林业科技，2008，8(3)：30-34.

[14]韩茜. 我国政策性森林保险制度的构建[D]. 沈阳：东北林业大学图书馆，2012：26-36.

[15]何光瑶，等. 统计调查理论方法与实务[M]. 北京：中国经济出版社，1995：31-323.

[16]黄志勇. 集体林权改革呼唤农业保险支持[J]. 农业经济，2008(8)：95-96.

[17]黄祖梅，李萍，孙慧. 森林保险市场的信号甄别和激励机制[J]. 湖北工业大学学报，2006(6)：91-93.

[18]纪平，易浩若，白黎娜. 森林灾害监测方法研究——以西南地区火灾监测为例[J]. 林业科学研究，1995，8(6)：687-690.

[19]金满涛. 林农行为视角下政策性森林保险的经济分析[J]. 新疆财经大学学报，2010(2)：38-41，56.

[20]金正道. 我国森林保险的现状和前景[J]. 国土绿化，2001(5)：13.

[21]孔繁文，高岚. 对我国森林灾害经济评估方法的研究[J]. 林业经济，1987(4)：15 - 18.

[22]孔繁文，刘东生. 关于森林保险的若干问题[J]. 绿色中国，1986(4)：28 - 32.

[23]雷茜. 集体林权改革后森林保险发展问题与对策[J]. 沈阳农业大学学报(社会科学版)，
　　　2011(1)：28 - 32.

[24]冷慧卿，王珺，高峰，等. 发展森林保险的政策研究[J]. 保险研究，2009(3)：66.

[25]冷静，祝应华，曹建华. 当前森林保险的现状、问题以及对策[J]. 老区建设，2008
　　　(24)：29 - 31.

[26]冷静，祝应华，曹建华. 当前森林保险的现状、问题以及对策[J]. 老区建设，2008
　　　(24)：29 - 31.

[27]李朝洪，赵小光，金钟跃. 森林火灾经济统计指标体系初探[J]. 森林防火，1993(2)：
　　　15 - 17.

[28]李丹，曹玉昆. 国外森林保险发展现状及启示[J]. 世界林业研究，2008(2)：6 - 10.

[29]李国保，单兴虎，李长宇. 林区森林灾害监测与防治[J]. 中国林业，2009(1)：52.

[30]李抒敏. 当前统计方法理论研究中的几个问题[J]. 统计研究，1998(4)：36.

[31]李媛媛. 森林保险立法初探[J]. 世界林业研究，2010(4)：72 - 74.

[32]李媛媛. 森林保险应独立于农业保险单独立法[J]. 法制与社会，2009(18)：336 - 337.

[33]李祖贻. 关于森林保险问题的探讨[J]. 林业经济问题，1989(4)：20 - 23.

[34]廖明球. 投入产出及其扩展分析[M]. 北京：首都经济贸易大学出版社，2009：21 - 26.

[35]廖晓丽. 森林火灾评价统计指标探讨[J]. 林业勘察设计，2006(2)：7 - 10.

[36]刘畅，曹玉昆. 关于进一步拓展森林保险业务的研究[J]. 林业经济问题. 2005(8)：240.

[37]刘畅. 积极开展森林保险促进林业发展[J]. 林业财务与会计，2005 (11)：28 - 29.

[38]刘大鹏，张贵. 森林火灾危害程度评价指标体系初探[J]. 湖南林业科技，2007，34
　　　(2)：65.

[39]米锋，陈梅生. 森林灾害和林业事故分类及其成因分析[J]. 广东林业科技，2007，23
　　　(6)：77 - 81.

[40]宁满秀，邢郦，钟甫宁. 影响农户购买农业保险决策因素的实证分析：以新疆玛纳河流
　　　域为例[J]. 农业经济问题，2005(6)：39 - 45，80.

[41]潘家坪，常继锋. 我国森林保险面临的机遇与挑战[J]. 河北林果研究，2000(4)：
　　　13 - 18.

[42]潘家坪. 发展我国森林保险的制约因素透视与对策探讨[J]. 林业资源管理，1997
　　　(5)：9.

[43]潘家坪. 森林保险中合理确定保险费率的探讨[J]. 林业资源管理. 1999(5)：6 - 7.

[44]潘家坪. 我国森林灾害与保险问题研究[D]. 南京：南京林业大学，1998.

[45]裴光庹，国柱. 农业保险统计制度研究[M]. 北京：中国财政经济出版社，2009：
　　　135 - 152.

[46]任德智，刘悦翠. 区域森林资源健康评价指标体系研究[J]. 西北林学院学报. 2007，22
　　　(2)：196 - 198.

[47]施家珍. 关于典型调查的几个问题[J]. 统计工作通讯, 1956(22): 6.

[48]石焱, 夏自谦, 田芸. 我国森林保险发展缓慢的深层次原因及对策分析[J]. 林业经济, 2008(12): 70.

[49]石焱, 夏自谦. 世界森林保险的发展及启示[J]. 世界林业研究, 2009(2): 7-11.

[50]石焱. 我国南方集体林区森林保险事业发展对策研究[D]. 北京: 北京林业大学图书馆, 2009: 96-124.

[51]史培军. 灾害研究的理论与实践[J]. 南京大学学报(自然科学版), 1991(11): 37-42.

[52]舒立福, 田晓瑞. 国外森林防火工作现状及展望[J]. 世界林业研究, 1997, 10(2): 28-36.

[53]舒展. 气候变化对大兴安岭塔河林业局森林火灾的影响研究[M]. 哈尔滨: 东北林业大学出版社, 2011: 5.

[54]苏为华. 论统计指标的构造过程[J]. 统计研究. 1996(5): 34-37.

[55]苏为华. 论统计指标体系的构造方法[J]. 统计研究, 1995(2): 63-66.

[56]孙祁祥. 保险学[M]. 北京: 北京大学出版社. 2009: 306-307.

[57]汤光华, 曾宪标. 构建指标体系的原理与方法[J]. 河北经贸大学学报. 1997. 8(4): 60.

[58]唐丽华. 区域森林主要灾害与空间结构关系的适应性评价方法研究[D]. 北京: 北京林业大学图书馆, 2006: 40-92.

[59]王丹, 陈珂, 刘军, 等. 我国森林保险的现状、问题与对策[J]. 沈阳农业大学学报: 社会科学版, 2005, 7(1): 13-16.

[60]王桂清, 周长虹. 森林害虫灾害预警指标体系研究[J]. 林业科技, 2003, 9(5): 21-23.

[61]王华丽, 陈建成. 政府支持与我国森林保险发展的经济学分析[J]. 经济问题, 2009(10): 105-108.

[62]王华丽. 基于风险区划的中国森林保险区域化发展研究[D]. 北京: 北京林业大学图书馆, 2011: 98-113, 123-143.

[63]王珺, 冷慧卿. 中央财政森林保险保费补贴六省试点调研报告[J]. 保险研究. 2011(2): 51-52.

[64]王珺, 张蕾, 冷慧卿. 关于开展政策性森林保险的建议[J]. 林业经济, 2009(4): 28-29.

[65]王林娟, 胡明形. 江西省泰和县开展森林保险工作的实践与思考[J]. 林业经济, 2011(9): 56.

[66]王秋华, 舒立福, 戴兴安, 等. 冰雪灾害对南方森林可燃物及火行为的影响[J]. 林业科学, 2008, 44(11): 172-174.

[67]王文烂, 张文勤, 刘伟平, 等. 福建省森林灾害防治投入机制构建[J]. 林业经济问题, 2002, 12(6): 348-350.

[68]王效科, 庄亚辉, 冯宗炜. 森林火灾释放的含碳温室气体量的估计[J]. 环境科学进展, 1998, 8(4): 1-11.

[69]王志新，姜庆莉. 政策性森林保险的机遇与对策[J]. 吉林林业科技，2010（2）：40－44.

[70]吴希熙，刘颖. 森林保险市场供求失衡的经济学分析[J]. 林业经济问题，2008（5）：440－443.

[71]吴晓文. 中国基层政府统计数据形成过程研究——以吉安市 GDP 数据的形成过程为例[D]. 南昌：南昌大学，2010（12）：10.

[72]肖文发，韩景军，马娟. 美国国家森林健康监测与评价计划及对我国的启示[J]. 世界林业研究，14（3）：67－74.

[73]谢彦明，刘德钦. 林农森林保险需求影响因素分析[J]. 林业经济问题，2009（5）：419－422.

[74]谢异平. 从林业的特性出发思考森林保险政策的设定[J]. 绿色财会，2008（12）：7－8.

[75]辛旭东，肖蓓. 浅谈政策性森林保险的不足与完善[J]. 法制与社会，2011，13：159－160.

[76]徐凤兰，钱国钦，杨伦增. 冰冻灾害造成森林生态服务价值损失的经济评估——以福建省受灾森林为例[J]. 林业科学，2008（11）：193－200.

[77]许慧娟，张志涛，蒋立，等. 关于构建复合型森林保险体系的探讨[J]. 林业经济，2009（4）：30－31.

[78]许文兴. 试论森林灾害的统计指标体系[J]. 林业经济问题，1991（04）：18－24.

[79]严国清. 建立森林灾害统计指标体系之初探[J]. 林业经济问题，1999（1）：59－61，64.

[80]颜峻，左哲. 自然灾害风险评估指标体系及方法研究[J]. 中国安全科学学报. 2010（11）：62.

[81]杨锋伟，鲁绍伟，王兵. 南方雨雪冰冻灾害受损森林生态系统生态服务功能价值评估[J]. 林业科学，2008（11）：101－109.

[82]杨琳，石道金. 影响农户森林保险需求因素的实证分析[J]. 北京林业大学学报：社会科学版，2010（3）：103－107.

[83]于金霞. 福建省森林灾害损失评估研究[D]. 福州：福建农林大学图书馆，2012：6－45.

[84]岳巍. 论统计调查的多样性[J]. 统计研究，1988（6）：16.

[85]张滨，唐宝钗，赵景勋. 林业要发展必须搞保险[J]. 中国森林病虫，2001（3）：38－40.

[86]张长达. 完善我国政策性森林保险制度研究[D]. 北京：北京林业大学博士学位论文. 2012（6）：12－15.

[87]张洪涛. 保险学[M]. 北京：中国人民大学出版社. 1999：82.

[88]张维群. 指标体系构建与优良性评价的方法研究[J]. 统计与信息论坛，2006. 11（6）：36－37.

[89]张文勤，纪成俭，王文烂，等. 福建森林灾害经济损失研究[J]. 林业经济问题，2002. 12（6）：351－353.

[90]张毅. 制约推进森林保险发展的因素及对策——以福建为例[J]. 黑龙江生态工程职业学

院学报, 2009, 22(6): 62 - 65.

[91] 张占茹, 刘卫华. 对典型调查的再认识[J]. 统计与信息论坛, 2006(2): 86.

[92] 赵建东, 冯庆水. 安徽省农业保险需求影响因素调查与分析[J]. 安徽农业大学学报(社会科学版), 2009(6): 12 - 16, 100.

[93] 赵杰, 苏宏钧, 常国斌, 等. 森林病虫害灾害经济损失评估指标体系研究[J]. 中国森林病虫, 2004, 1(1): 1 - 5.

[94] 赵良平, 叶建仁, 曹国江, 等. 森林健康理论与病虫害可持续控制——对美国林业考察的思考[J]. 南京林业大学学报(自然科学版). 2002, 26(1): 5 - 9.

[95] 赵领娣. 中国灾害综合管理机制构建研究[D]. 青岛: 中国海洋大学, 2003(6): 17 - 24.

[96] 郑焕能, 居恩德. 林火管理[M]. 哈尔滨: 东北林业大学出版社, 1988: 15 - 18.

[97] 郑京平. 中国国家统计体系间接(三)——统计数据的收集[J]. 中国统计, 2002(4): 13 - 15.

[98] 钟晓珊. 森林火灾灾后评估研究[D]. 中南林学院图书馆, 2005: 16 - 24.

[99] 周立. 森林灾害动态监测防治与预测模型研究[J]. 林业科技, 1998, 7(4): 18 - 21.

[100] 周秋荣, 欧阳国良, 朱中华, 等. 刍议攸县黄丰桥国有林场森林灾害与森林保险[J]. 湖南林业科技, 2009(3): 90 - 91.

[101] 周式飞. 森林保险市场供求失衡的经济学分析[D]. 福州: 福建农林大学, 2010.

[102] 庄孟能. 森林灾害对生态经济影响的调查与分析[J]. 林业经济问题, 1989(2): 49 - 52.

[103] Holecy J, Giertliova B. An integrated forest management risk insurance model for beech stands attacked by climate extremes[J]. 2009.

[104] Holthausen, N, P Baur. The Demand for an Insurance against Storm Damage in Swiss Forests [J]. Schweizerische Zeitschrift fur Forstwesen, 2004(10): 426 - 436.

[105] Jan H, Jaroslav S, Jan T, et al. Fire risk insurance model for forest stands growing in the area of Slovak Paradise[J]. 2003.

[106] Jan Holecy, Marc Hanewinkel. A forest management risk insurance model and its application to coniferous stands in southwest Germany. Forest Policy and Economics, 2006, 8: 161 - 174.

[107] Jenkins. Estimation of Discrete Time (grouped duration data) Proportional HazardsModels [J]. Stata Technical Bulletin, 1997(39): 1 - 12.

[108] Peter Hazell, Carols Pomareda, Alberto Valdes. Crop Insurance for Agriculture Development: Issues and Experience[M]. The Johns Hopkins University Press, 1986.

[109] Saleem Shaik, Keith H Coble, Thomas Knight. Revenue Crop Insurance Demand[J]. AAEA Annual Meetings, 2005: 24 - 27.

[110] Y Begeron, S Archambault. Decreasing Frequency of Forest Fires in the Southern Boreal Zone of Quebec and its relation to global warming since the end of the "Little Ice Age" Holocene, 1993, 3: 255 - 259.